プロだけが知っている、お金が増える53の習慣

「お金が貯まる家」にはものが少ない

下村 志保美
SHIMOMURA SHIHOMI

扶桑社

●まえがき●

初めまして、下村志保美と申します。私は10年間片づけのプロとして、〝片づけで自分の未来は変えられる〟をモットーに、ものを捨ててきれいに収納することだけを重視しない整理・収納のコツを伝授しています。またファイナンシャルプランナーの資格を持ち、家計アドバイザーとしても活動しています。

活動を続けていくなかで、私は「家計と片づけには相関関係がある」ことに気づきました。しっかりお金が貯まる家と、なかなか貯まらない家には、それぞれ特徴があります。片づけのプロという仕事柄、お客様の家の収納の中まで拝見しますので、ものの持ち方、買い方……つまりお金の使い方までわかってきます。

例えばなにかを買う時、「買いたいもの」を買っていますか？　それとも「買えるもの」を買っていますか？　似ているようで、この二つは結果が大きく違ってきます。

どちらが貯まる習慣でしょうか？　この本を読み進めていただくと、最後にその答えを見つけていただけると思います。

片づけや家計のプロというと、どうしても「依頼者の代わりにバンバンものを捨てる」「家計のムダを指摘して支出をスリム化する」といったイメージを持たれがちですが、私の場合は、お客様の生き方や暮らしに対する考え方に寄り添いながら、より快適に過ごせる「仕組み作り」を一緒に考えていきます。

生活習慣や考え方そのものを意識的に変えていくことで、「節約しているはずなのになぜか貯まらない家」から、「何もしなくても自然にお金が増えていく家」に生まれ変わることができます。

がんばることも時には大切ですが、片づけも家計も生きている限り一生ついてくるので、ずっとがんばり続けることは大変です。

この本は、ものと向き合う方法について考え、最終的にはご自身の暮らしにとって「要るもの」、「要らないもの」を見極めるヒントとして役立てていただければと思います。必要のないものを手放すことで、ムダ遣いが減り、お金が貯まり、さらに自分自身や家族の笑顔も増える、そんな暮らしを目指しましょう！

【もくじ】

第3章 荒れたキッチンの裏にある「ていねいな暮らし」プレッシャー

第4章 ルンバに優しいリビングをつくろう

第5章 洗面所や浴室のものの量は健康に直結する

第6章 災害時に命運を分ける玄関収納

第9章 片づけとお金のプロの暮らし方

片塚 梨伊代 37歳
ハア…
部屋は片づかないし…
節約も頑張ってるのに、なぜか…貯まらない
安売りの時にトイレットペーパーだってまとめ買いしてるし
服もファストファッションだし
なのになぜ…
JU
H&N
気持ちも落ちるわ〜
それってお金持ちとは真逆の行動ですよ!
ボン
誰!?
家計アドバイザー片づけのプロ下村志保美です
持ち物とお金のコラムが大人気
テレビドラマではお金持ちの家を描くときはスッキリとものが少ない家にしますね
お金持ちは、モノそのものよりモノを置くスペースと管理する手間を大切にしているんです
いままでの私安物買いの銭失いだったってこと!?
では行動から変えてみませんか?
100

第1章

ものを溜めるな！お金を貯めよ！

あなたの家に「泥棒」はいませんか？

突然ですが、あなたの家に「泥棒」はいませんか？

ここで言う泥棒とは、人間のことではありません。現代人の暮らしの中には、快適さを妨げている、いろんな泥棒がいます。それらは気づかないうちに、その家が得られるはずだったお金を盗んでいく存在です。しかもお金だけではなく、住みやすさや楽しさ、良好な家族関係までも奪っていくのです。

①時間泥棒

②場所泥棒

③手間泥棒

この3つが、「なぜか貯まらない、片づかない家」の主な原因だと私は考えています。

裏を返せば、この3つさえ攻略すれば、心にもお財布にも優しい人生を送れるのです！

探し物をするその時間が、既に〝浪費〟となっている

まずは「時間泥棒」について。これは、ものだらけの部屋の中で探し物をする、ムダな時間の正体です。

「あの服、どこにあったっけ？」、「子どもの塾のプリント、どこに置いた？」、「歯ブラシのストックをしまっていた場所がわからない……」など、余計なものであふれた家は、使いたいものをすぐに取り出すことができません。必要なものを探す時間そのものが人生のロスタイム＝時間泥棒になるというわけです。着たい服も、子どもの学用品も、日用品ストックも、何がどこに、どれだけあるのかを把握しておけば、時間をムダにすることなく、すぐに次の行動へと移れますよね。

一番お金がかかるのは「場所代」だと心得よ！

次の「場所泥棒」は、必要のないものを置いておくスペースのことです。この場合、無自覚にやりがちなのが「クローゼットや押し入れの間のすき間にものを押し込んでいる」

パターン。冷蔵庫などでも多いですね。

私の経験上、片づけをしたい方というのは几帳面で真面目な性格の人が多く、空いているスペース（デッドスペースと呼ばれる）があると、「何かに使いたい」、「もったいない」と思いがちなタイプが多いです。きれいに整頓された場所にすき間を見つけると、収納系の便利グッズを買い足して、さらにものを増やしていく……。思い当たる方もいらっしゃるのではないでしょうか。

一見すると「ちゃんと片づけた」ように感じられ、片づけた満足感も得られます。だけどそこに詰め込んだものは、そもそもは持たなくてもいいものだったかもしれないし、それがあるがために他のものが取り出しにくくなったり、通気が悪くなりカビの原因になったりというデメリットも生まれます。

現代の暮らしのなかで、一番お金がかかるのは場所代です。田舎でよほど大きな家に住んでいて部屋が余って困っているんです、というケースは例外として、多くの家庭は家のスペースに限りがあります。

ここで、必要ではないけれども、なんとなく部屋を埋めつくしているもののコストがどれぐらいになるのか考えてみましょう。例えばあなたが70平米・４０００万円で購入した

３ＬＤＫのマンションに住んでいるとします。そのうち６畳分の一部屋を「使っていないもの、整理しきれていないもの」の置き場所に使っているとしたら……？　４０００万円（スペースの総価格）÷70㎡（総スペース）＝約57万円（広さに対する価格）。57万円×９・72㎡（６畳分のスペース）＝約５５５万円。つまり５５５万円分を、要らないものに費やしていることになります。

今、日本では全国的に住宅の価格が上がり続けていますから、都心部に住んでいる方は、スペースあたりの金額はもっと高くなっているはず。せっかく購入した貴重な空間や資産が、要らないもので目減りしている現実が、おわかりいただけたでしょうか。必要なものを見極め、スペースを空けることが、「場所泥棒」を追い出すコツだと心得てください。

その「手間」、クセになっていませんか？

意外と気づきにくいのが３つ目の「手間泥棒」です。これは持ちすぎたものの管理や整理が、ご自身の行動や習慣に馴染みすぎていて、知らぬ間に時間やお金を奪われているパターンです。私がお客様宅に伺うとまず気づくのは、フタつき収納ケースや開けにくい引き出し、前に置いてあるものをどかさないと開かない扉など、お客様にとっては慣れきっていて気づかないひと手間ふた手間があることです。

クローゼットもそうです。クリーニングのビニールがかかった衣類がたくさんあり、衣替えの季節は毎年出費がかさむとのこと。シーズン中1、2回しか着ていなくても、しまう前にはお手入れが必要です。本当にお気に入りの服を3〜4着だけ持っている人と、「いつも同じ服を着ていると思われると恥ずかしいから」、「古くなったけどまだ着られるから」などの理由で所有し続けている人とでは、クリーニングの代金も持っていく手間も、大きく変わってきます。

家で手洗いすればお金はかからないと思うかもしれませんが、その時間の労働力が発生しているので、けっしてタダではありません。

手間泥棒とお別れするためには、〝気づき〟が大切です。例えば我が家では猫を飼っていますが、以前はキャットフードを購入した時の袋のまま使っていました。これを100円ショップで売っていたカップつきのお米ストッカーに変えたところ、出し入れも、エサの計量もうんとラクになりました。

手間は、時間や場所のようにすぐにわかるロスではなく、習慣化されているので、なかなか自分で気づくことは難しいものですが、毎日の暮らしのなかに実は見つけるヒントがあります。

それは何かやろうとして「めんどうだな」と感じた時。その小さな「めんどくさい」という気づきが、手間泥棒をやっつけるチャンスです。

生活を共にしている家族以外からのアドバイスをもらうことも効果的です。「このお鍋、重くて使いづらいのでは？」などと言ってもらえるといいですね。手間に気づく大きなヒントになります。

ものを溜めるな！お金を貯めよ！

私はいつもお客様に「片づけは、ご自身にとって大切なものを見つける最高のトレーニングなんですよ」とお伝えしています。それは、お金が貯まることにも直結しています。「どういうこと？」と思われる方もいらっしゃるかもしれませんね。

私は片づけとは、「使っているもの」と「使っていないもの」、「好きなもの」と「好きじゃないもの」を判断する行為だと考えています。部屋中がものであふれているお客様の相談を受けていると、皆さん、口をそろえて「でも下村さん、これ安かったんですよ～」、「これはすっごくお得に買えたものなんです」とおっしゃいます。

〝安い〟＆〝お得〟。確かにいい言葉ですよね。私も決して嫌いではありません（笑）。でも〝安くてお得〟は生活の豊かさと必ずしも直結しているとは限りません。むしろ〝安くてお得〟だからと買ったグッズが部屋中にあふれかえっていたら……？

ものを置くスペースで部屋は狭くなり、ちまちまと安いものを買うだけで、お金は出ていくばかりです。いつの間にか〝高くて不便の塊〟に転じてはいないでしょうか？

前項でもお伝えしたとおり、現代人の暮らしの中で、一番お金がかかるのは場所代です。「6畳一間が納戸になっていると555万円の損失」というショッキングな事実を心に留めていただきたいと思います。

片づけをイベント化してはいけない

さてあなたが「片づけよう！」と思う時ってどういう時でしょうか？ きっと時間に余裕があって体調がよくて、気分も前向きな時ですよね。するとイベントのように高いテンションで片づけ始めると思います。

もちろん悪いことではありませんが、そういう時に勢いで片づけてしまうと、「捨てすぎる」ことがあります。普段と違うテンションで捨てすぎてしまったが故に、冷静になった時に「捨てるんじゃなかった……」と後悔し、以降捨てることが怖くなってしまうリスクもあります。

片づけはイベントではなく、生きている限りずっと続いていく生活の一部です。日常的に続けることができる片づけこそが、暮らしを豊かにするスキルでありトレーニングだと思うのです。

片づけは、シンプルでOK！　くれぐれも6畳一間のすべてを「一日でカラにしよう」などと意気込まないでください。毎日少しずつ「要る」、「要らない」の判断を始めてください。そして私は、捨てることを特に推奨していません。スペースが許せる方でしたら、「ご自身の好きなものを好きなだけ持っていてください」とお伝えしたいです。

ただしその持ち物は、〝本当に好きなものだったら〟という話。本当に大切な服、靴、雑貨、家電、日用品のストック……。これらをていねいに見直していくと、手元に置いておきたいものはそんなに多くないことに気づくはずです。

人によっては「インフルエンサーの〇〇さんのおすすめだから」、「SNSで流行っているから」など、他人軸で購入していたものが多いことに気づく場合もあるかもしれませんね。他人軸や情報に流されてものを買うと、根本的な部分では満たされない感情が残るので、「次は……」、「その次は……」と、エンドレスでものが増えていく状況に陥りがちです。

私自身も振り返ってみれば、なんとなく買ったものをたくさん持っていた時期がありました。今でも、「油断したらものってどんどん増えていくな～」と、要るもの・要らないものを見極めるのに試行錯誤の最中です。詳しくは第2章のクローゼット整理方法でも述べますが、ネット通販での洋服のポチ買いが楽しくて、サイズや素材感が合わない服を買い、スペースとお金をだいぶ浪費していたこともありました。

片づけのプロの私も、こうやって日々、暮らしながら、買い物をしながら、時には失敗もしながら（笑）、ものを減らし、お金を貯める生活を実践中です。

皆さんもぜひ、ストイックになりすぎずに、でも確実に大切なものだけを手元に置き、大事にできる生活へとシフトチェンジしていきましょう。気がついたら、部屋はスッキリ、家計には自然と余裕が生まれてくるはずです。

「家」と「貯金」には相関関係がある

では具体的に、片づけが貯金へとつながる仕組み作りについて考えていきましょう。

一番先にやりたいのが、住まいにも家計にも予算という「枠」を作ることです。つまり「ここに入るだけのものを持つ」、「この範囲内に出費を収める」ということ。家の中が散らかっていて、お金も貯まらないという方は、この「枠」を上手に設定できていません。

実はこれ、収入が多い・少ないとはあまり関係がなかったりもするのです。年収はほどほどという場合でも、その限度内で先取り貯金ややりくりをしていればお金は貯まっていきますし、逆に稼いでいても「枠」を超えて使っていれば、お金は貯まりません。

狭い部屋でも、そのスペース内に収まるものだけを持っていれば、快適な空間の中で暮らすことができます。家計と住まいのスペースは、ご自身の枠内で〝はみ出し〟さえしなければ、何をどれだけ買って持とうが、問題ないのです。

好きなものを極める、素敵な例も

例えばお客様に、こんな方がいらっしゃいました。３ＬＤＫでお一人住まいをされていて、趣味はファッション。２部屋を衣装部屋にし、残りの一部屋の寝室の壁面は靴を収納していました。でもこれらはすべて、ご自身が大切にして持ち続けたいもの。コレクターズアイテムでもある洋服と靴の置き場所を「２部屋＋寝室の壁面」と決めているうえに、布団、キッチン用品などは極力少なく、メリハリの利いたものの持ち方をされていました。

ただし、ここまでご自分の暮らしぶりをわかっているのは、かなり稀なケース。私たち一般人は、「そのクローゼットの中にある１００着の洋服、本当に必要？」、「毎月の家計の中からどうしても買わなきゃいけない？」と、自問自答するところから始めてみましょう。家計の面でいえば、今は総収入と支出を管理できるアプリなどもあるので、うまく活用したいですね。

家計管理や貯金に苦手意識を抱いている方は、「家計簿をつける」のをやめるのもテです。というのも、家計簿はうまく活用すればお金の管理に役立ちますが、たいていはつけただけで満足してしまうもの。またアプリでもレシートを読み込むタイプのものは、次第に面倒でレシートが溜まりがちになるので、おすすめしません。ざっくりと数字を打ち込むような使いやすいものがいいでしょう。

「時間予算」にも気を配ってみる

「家事にかかる時間がいくらになるのか」にも敏感になってほしいと思います。お金持ちは、たいていがタイムパフォーマンス（時間効率）を強く意識しています。

私たち、とくに昭和生まれの女性は、「家事は自分でやればタダ」と思っている節はないでしょうか？　もしあなたがやっている家事を家政婦さんにお願いして対価を支払うと仮定して、計算してみましょう。1か月の家事労働に対して10万円を支払うとして、家事労働時間は1日5時間とすれば、5時間×30日＝150時間です。10万円を150時間で割ると、時給は660円となります。この金額はご自身の中で妥当でしょうか？

時給を上げる方法は簡単です。家事の量を減らせばいいのです。1日3時間の労働に月10万円とするならば、時給は1110円になります。

お金が貯まらない家の家事の時給は「不当に安い」場合が多いです。毎日届くダイレクトメールを処理する手間、床の上のものをどかしながらの掃除、ソファの上にどんどん積み上がる、畳まなくてはいけない洗濯物。ものの量は家事の量とはっきり言えます。

要らないものを維持・管理する手間が、さらに家事労働のタイムパフォーマンスを下げている場合がほとんど。もし、これらを手放したとしたら？　ご自身の時給はぐっと上がり、余暇の時間も増えます。まさに「ものが減って家事も節約もはかどる」仕組みができるのです。

「○時間内にこれをやる」と計画を立てる

「私の〝家事時給〟は安いぞ！」と感じた場合は、不必要なものを減らす以外にも、家事にコミットする時間を減らす努力もしてみましょう。「掃除は20分以内に終わらせる」、「丸一日かかるこの部分の掃除は思いきって外注する」などの計画と割り切りも必要です。

人に頼むとお金はかかりますが、自分の負担が減り、プロの手で家がきれいになるメリットは大きいもの。これは浪費ではなくリターンのある「投資」になります。

ドラマに出てくるお金持ちの家はものが少ない

皆さん、映画やドラマなどの映像作品はお好きですか？　今やネット配信が発達したおかげもあり、世界中のいろんな作品が手軽に見られる時代になりました。登場人物たちの住んでいる部屋やインテリアに憧れる人も多いと思います。

ドラマを楽しみながら、片づけのヒントも得られるコツをお伝えしましょう。どの時代、どの国、どの作品でもいいのですが、「室内シーンでのものの多さ・少なさ」に注目してみてください。よく観察していると、ある事実に気がつくはずです。〝お金持ちキャラの人の家（部屋）ほど、ものが少ない〟ということに。

逆に、それほど裕福ではないキャラクターの家（部屋）には狭い空間にものがごちゃごちゃとあふれています。実はこれ、偶然ではありません。美術担当の方が、意図的に行っている「キャラクターに現実性を与えるための演出」なのです。

お金持ちほど空間を大切にしている

資産を多く保有している人ほど、家の中はスッキリと片づいています。これは、お金持ちはものを買う時に「これが本当に必要なのかどうか」をしっかりと吟味するクセがついているから。特に日本の場合は、全体的に住まいのスペースに限りがあります。だからこそお金持ちの人は、空間にものを置く時のコスト意識が大変高いです。そのコスト意識には、手間による人件費も含まれます。

逆に言えば、お金を貯めたいのならば、まずコストパフォーマンスを考えましょう。引き出し1個を置く場所と、その中のものを維持するお金はどれぐらい？　さらに、その引き出しが2個、3個、4個と増えていったら……？と考えるクセをつけてほしいのです。買えば買うほど、ドラマの中の素敵なインテリアからは遠ざかり、余計なお金が出ていくことが想像できると思います。

清々しい空間に住んでいる人は〝引き算〟上手。余分なものは持たないし、不要だと見極めたら潔く手放しているのです。

片づかない、貯められないのは「真面目」すぎるから

スッキリと片づいた部屋に住んで、なおかつ経済的にも余裕がある。誰でも、そんな暮らしを実現させたいですよね。でもふと身の回りに目をやれば、なんとなくごちゃっと散らかったリビング、家族のよくわからない持ち物であふれた個室、洗面台の下にはいつ買ったのかも忘れた洗剤や掃除グッズが大量に入っている……など、理想と現実との乖離にため息をついている方も多いのではないかと思います。

貯金も同じ。「1年間で100万円貯金しよう！」と思いつつも、実現できずに早○年、という方もいらっしゃるのではないでしょうか。私はまず、「片づけと貯金のコツとは、最初から完璧を目指さないこと」だと思っています。

片づけたい、貯金したいと思う心がけはとても尊いものです。でもその理想ばかりが先走り、ご自身の中で「こうあるべき」というイメージが固まりすぎてしまうと、完璧にや

り遂げられない現実に凹み、やる気がどんどん落ちていってしまいがち。

そう、片づけと貯金が苦手な方は、実は真面目すぎる傾向があるのです。ご自身が思い描いている「最高にきれいでいられる暮らし方」、「貯金の仕方」を少しだけゆるめて全体をざっくり眺め、別の角度から見直してみてはどうでしょう。

お金持ちの家に「お客様用布団」はない！

私がお客様から要る・要らないの相談を受けるもののひとつに「来客用の布団」があります。確かに一昔前は、お客様をおもてなしする家財道具のひとつとして、来客用布団を新居に備える習慣などもあったと思います。しかし暮らし方が変わり、ビジネスホテルなども進化した今、親戚同士の集まりなどでも、人の家に泊まるケースはかなりレア。「一年に2〜3回、家族が帰省する」、「実家の両親が定期的にやってくる」ために、生真面目に用意する必要はありません。その時だけ布団をレンタルすれば、部屋のスペースも、手入れする手間も省けますし、何より布団自体も昔より軽く、使いやすいものに進化しています。お金持ちはこうしたサービスをうまく利用しているのです。

布団や洋服などの寝具や衣類についての見極め方・手放し方については後の項でも詳しく解説しますが、私がこの本で皆さんにお伝えしたいのは「家事は、ラクにすればするほどお金が貯まっていきますよー！」ということ。その代表例として、ネットスーパーでの買い物をおすすめしています。

ネットスーパーは最高にコスパの高い買い物テク

送料が高い、店頭で買うよりも割高、野菜などは現物をみて選べないから不安、というネガティブな思いが強い方もいるかもしれませんが、ネットスーパーの大きなメリットは、店まで往復する時間、重い荷物を持って移動する肉体的な負担を減らせることです。

また自宅にいながら注文できるので冷蔵庫を確認しながら買い物ができ、買い忘れやダブり買いも防ぐことができますし、カートの金額を見ながら注文するので、予算オーバーをすることもありません。買う予定がなかったのに、店頭に並んでいる特売品やレジ脇のお菓子をついつい……という衝動的な浪費行動を抑えることもできます。

「でも1円でも安い店をいくつも回って買い物をするのが、節約の基本じゃないですか？」――。こんな声が聞こえてきそうですね。だけど今までそうやってきて思うように節約できていないのだとしたら……同じやり方では結果も変わりません。

家計と部屋の状況をもっとよくしたい、変えていきたい、と願うのであれば、ご自身も新しい方法、習慣に踏み出していく勇気が必要です。そのためにも「でも」、「だって」というセリフは封印してみてほしいのです。3日、10日、1か月……と、とりあえず期限を決め、今までとは違う買い物や節約を始めてみませんか？

なんとなく定期購入していたお菓子やサプリを見直してみるとか、なんとなく登録していたショップのLINE通知をオフにしてみる、などでもいいのです。余計な情報が入ってこなくなるので予定外の買い物を減らすことができます。たくさんの店舗で買えば買うほどポイントアップするネット通販のイベントへの参加も、毎回ではなく3回に1回に減らし、消耗品などはその時に買うようすれば、ポイントアップの達成率も上がりますね。

こうやって自分の消費行動や所有欲を上手にコントロールする習慣が身につくと、自然と要るもの・要らないものが見定められるようになってきます。

なぜ？
こんなに服はあるのに…着たい服がないのだろう…
似合うものや好みが変わったのもあるかも…
ピピーッ
イエローカード!!
ピシッ
まだ着られるから！
やせたらまた着たいから！
安くなっていたから買ってみた！
ギク
ギク
これらは結局着なくなるしお金の貯まらない原因です
服にも賞味期限がありますからね！
アラフォーだけど
まだイケなくは…
イケてたのに～
リセットリセット！
クローゼットは実は片づけしやすい場所！まずはここから始めるのがおすすめ

第2章

クローゼットを見れば「貯まらない理由」がわかる

服には賞味期限がある

片づけの中で、特に〝捨て時がわからない〟もののひとつが洋服、バッグ、靴などの衣料品です。片づけの仕事でたくさんのお客様の家へお伺いしますが、50代半ば以上の方が「これ、どうしましょう」とクローゼットの奥から引っ張り出してくる洋服で多いのが、肩パッド入りのジャケットやスーツです。私自身、バブル時代に青春を謳歌していた身なので「懐かしいですね～」と、共感はできるものの、令和になった今、肩パッド入りの服を着ている方はあまり見かけませんよね。仮にパッドを外したとしても、デザインも昔のものですし、ボタン、繊維など使われている素材も経年劣化しています。

また、30年以上も前の服が、50代以降の自分の顔や体型にフィットする可能性は低いと言わざるを得ません。お客様に「この服を着て、自信を持ってお出かけできますか？」と尋ねると、ほとんどの方が「できません！」と即答されます。

そう、服には〝賞味期限〟があるのです。バブル期の洋服は極端な例かもしれませんが、「何となく買ったものの着る機会がない服」、「買っただけで満足してしまった服」が、チリも積もれば状態となり、部屋のスペースを圧迫している例は多いもの。着ない服にお金を払い、そしてまた置き場所にお金を払っている……まさに、貯まらない行動の典型的な例になります。

試着をして着ない理由を再確認。「この服で、買い物に行けますか？」

そこで私がおすすめしている方法は、着られるけど普段着ていない服を身に着けてスマホで写真を撮る方法です。家族と同居している方は、家族に写真を撮ってもらってもいいですし、そうでない方は自撮りでも構いません。

コツは〝鏡ではなく写真撮影〟にあります。なぜならば、人は鏡の前だと無意識にポーズを取ってしまうから。普段の立ち姿、体型、顔色、ヘアスタイル……。〝着ていない〟洋服には、今のあなたとのギャップが、何かしら潜んでいます。「丈が短くて古くさい印象」、「顔がくすんで見える」などの気づきがあるかもしれませんね。その気づきこそ、洋服の賞味期限。すなわち、着ていない服とのお別れ時です。

それでも迷う場合は、こんな問いかけをしてみてもいいでしょう。「この服を着て、新しい洋服を買いに行けるのか？」。賞味期限を過ぎた服を思いきるためのいい判断材料になります。

また最近は、ウェーブ、ストレート、ナチュラルなど、自分の体型に合った洋服を選ぶ「骨格診断」という考え方も浸透してきています。一度、プロに自身の骨格を診断してもらい、その結果に合わない服を整理する……というやり方もいいと思います。

実は流行り廃りが激しいバッグ。愛着？　それとも執着？

洋服以上に捨て時がわからないアイテムがバッグです。特に〝一生もの〟と購入したものの、何年も使っていないブランドバッグがクローゼットに眠っているのに、「いいものだから」と手放せない方も多いのではないでしょうか。

ブランドにも流行があり、ものの持ち方にも時代的傾向があります。かつての日本ではブランド物がステイタスのひとつでしたが、令和の今は価値観も商品も多種多様になっています。

そのバッグが、大切な人からのプレゼントだったり、自分自身へご褒美で買ったものだったりと、愛着がある理由があるならば、大切に残していいと思います。一方「高かったから」であれば単なる執着なので手放しましょう。愛着は残し、執着とは別れる。愛着で満たされたあなたのクローゼットは間違いなく素敵な空間になります。「持っていたい」は愛着、「捨てたくない」は執着と覚えましょう。

靴は消費期限がある。ライフスタイルの変化にも注目

服、バッグときて、次に整理したいのは靴です。靴はライフスタイルの変化に特に影響されます。例えば独身の頃はハイヒールを愛用していたけど、出産したらスニーカーやフラットシューズしか履かなくなった、といったことはよくあるもの。革、ゴム、接着剤など靴を構成する素材は、時間と共に劣化してしまいます。まだ履けそうに見える靴でも、5年以上出番がなければ処分することをおすすめします。

似合わない10着より似合う1着を

クローゼットは衣類など個人的なものしかない場所なので、実は片づけのファーストステップとしては手をつけやすいところです。

私がアドバイスをしていて痛感するのは「片づけのストレスを抱えているお客様ほど、洋服のテイストがバラバラ」という事実です。もちろん流行に敏感なのは悪いことではありません。それにいつだって、おしゃれな自分でいたいですよね。

でも「あの服がいい」、「あの人のスタイルが素敵」と周りに振り回されすぎると、選ぶ服も自分軸がブレていくことに……。結果的に、行き当たりばったりな浪費へとつながってしまいます。「下村さん、見てください。私はこんなに洋服を持っているのに、いつも着ていく服がないんです」「外出の際、クローゼットを前に途方にくれてしまいます」という相談も、本当によくいただきます。

さらに最近多いのは、「ネット通販で洋服をポチ買いして大失敗。そのまましまい込んでいる」ケース。これは、私自身も散々経験してきました。SNSやネット上ではあんなに魅力的に見えたのに、いざ買ってみるとサイズが合わない、素材感が似合わない、着回しができないなど。失敗は誰にでもあります。大切なのは「そこで自分軸を取り戻して整理ができるか」です。

その服で3パターンのコーデが思い浮かぶのか？

洋服選びで気にかけるといいのが「その一着でどれだけ着回せるのか」。手持ちの服と合わせて、3パターンぐらいのコーディネートが思い浮かぶなら、候補に入れてもいいでしょう。恐らく今のあなたの生活にフィットし、一軍の洋服として活躍する可能性が高いからです。

ネットショップの〝ポイント還元のためになんとなく買っている服〟も要注意。必要ではないものにお金と時間を費やして、増やしていることが多いです。私がおすすめしているのは、手持ちの服に合わせて、実店舗へ買い物に行く方法。よくはいているスカートやパンツを身に着けて、お店の方に「これに似合うトップスはありますか?」と尋ねてみましょう。「実店舗で、しかもショップの店員さんに声をかけるのはハードルが高い」という方がいますが、そこは相手もプロなので、心配しなくても大丈夫です。

また前の項目で触れたように、骨格診断のプロなどに買い物同行を頼むのもテですね。客観的な視点から、似合う服の土台を作ってもらうことで、手持ちの服も整理しやすくなりますし、買ったけど出番がない服をムダに増やすことも減っていくでしょう。

ネット通販は「サイズが合うものをリピ買い」が基本

では失敗しがちなネット通販はどうすればいいのか。実は私の場合、ネットで洋服を買うこと自体を減らしたら、それだけでムダ遣いがぐっと減りました! それだけ「通販で洋服を選ぶのは難しい」というのを前提にしていただきたいと思います。もちろん誘惑に抗えない時もありますので、その場合は同じ服をM、Lなどサイズ違いで注文することをおすすめしています。「そんなことをしたら返品しなくてはいけないのでは?」と思った方もいらっしゃるはず。そう、この〝返品〟こそが、ムダ遣いに大きな歯止めをかけてくれるのです。

ネット通販で、サイズで迷って1着だけをイチかバチかで買ってしまうと、いざ似合わなくても「ま、いっか……」とそのままになりがち。しかし2着買ってしまえばサイズ感を吟味し、似合わないほうを返品できます。もし両方ともしっくりこなければ、どちらもキャンセルすればいいのです。

送料や手間のかかる行為を何度も繰り返すうちに「そこまでして買う必要のある服なのか」と、自分の審美眼が鍛えられていきます。選び抜いて成功した服のリピート買いもいいですね。似合う服の在庫を新しく入れ替える感覚で買い物ができるでしょう。

“捨てる”行為は痛みが伴う。その覚悟を持ちましょう

あとは似合わなかった服を潔く手放す覚悟があるかどうかです。ものを捨てる時にいい気持ちになる人はあまりいません。私見ですが、「捨てるの苦手なんです」と捨てる痛みや悲しみから逃げている方ほど、「ものをばんばん買う」傾向が多いような気がしています。なんとなくクローゼットに溜まっていった100着の服よりも、手間と時間をかけて選び抜いた一着があることが、大切なことではないでしょうか。

失敗しない買い物のコツは、試着室に「●●」を持ち込むこと

自分に似合う一着を見つけるには「ネットショッピングでポチ買いをするよりも、実際にお店まで足を運び、買い物をしたほうがいい」と、前の項でお話をしました。しかしそこまで労力を重ねても、結局は着ない服を増やしてしまうケースは少なくないもの。「お店の鏡の前で着た時には顔映りがいいと思ったものの、家で着てみると思っていたイメージと違う……?」など、誰もが一度は経験をしていることですよね。

それから試着室から出てきた際に、お店のスタッフの方から「お客様、お似合いです!」と一声かけられると、「そんなものかな……?」と思って買ってしまうこともあるはずです。「ここまで時間をかけたんだから、何か買って帰らなきゃ損」という気持ちも、むくむくと湧き上がってきたりしますよね。

そこで「手持ちの洋服がなかなか減らせない」、「ネットショッピングでのポチ買いはや

められたものの、休日のショッピングモールや、仕事帰りの駅ビルなどで洋服を買ってしまい、服が減らない」という悩みがあるお客様には、私は「お店で洋服を買う時は、最低2着を試着室に持ち込んでみてください」とアドバイスしています。

例えばスカートを探しているなら、気になるものの色違いやサイズ違いの2着以上を試着して比べることで、丈や幅などの微妙なサイズ感の違いや、デザインと自分の体型のギャップなど、〝一目惚れ〟の時には気づかなかった違和感に気づける可能性が高いです。

また、全然違う2着を着比べてみるのも有効です。1着だけ試着した場合、店員さんも商売ですから、どうしても「お似合いですよ」とポジティブな感想だけを伝えがちですが、2着試着して「どちらがいいと思いますか?」と聞けば、「お客様には1着目のほうがお似合いだと思います」と的確な意見をくれるはずです。

店員さんは質問されたほうが嬉しい

「お尻周りがキツいような気がします」、「ウエスト周りがもたついて見えませんか?」など、具体的な質問を投げかけると、さらにいいですね。店員さんはプロなので、お客さんから話しかけられ、相談してもらえたほうが嬉しいのだそうです。お店の方を〝良きアドバイザー〟として頼り、どんどん相談してみましょう。「お客様に似合うのは、こういうタイプのものではありませんか？」と、提案してくれるはずです。

この時に大事になのは、前の項でも述べた「普段よく着ている服」を身に着けていくこと。「このトップスに合う、新しいパンツでおすすめはありますか？」など、あくまでも、あなた主体でアドバイスをもらうようにしましょう。ご自身の体型やライフスタイルをよくわかっている方であれば「体の質感を拾いやすい素材のトップスは避けたい」、「洗濯機で簡単に洗えるものがいい」など、話しているうちにどんどん希望が出てくるはずです。

もし、これぞという候補が見つからなかったらまたの機会に……。見つかった場合も、一度、冷静になりましょう。「他の候補も探してみますね」と、最低でも3店舗で、同じような試着を繰り返してほしいのです。「下村さん、服を一着買うためだけに、そんな面倒なことをしなくてはいけませんか？」と、思われた方も多いでしょう。心を鬼にして言いますね。はい、それだけの労力をかけてください（笑）。

吟味を重ねて選んだ一着は、必ずあなたを魅力的に見せてくれますし、コーディネートの幅も広がるはず。そして確実にクローゼット自体もスッキリと片づいていきます。

大型店舗での買い物はウェブで「予習」を

ユニクロやZARA、H&Mなどの大型店舗に行く時に、ぜひ活用していただきたい裏ワザ、それは「事前に通販サイトで下調べをしておくこと」です。こういった店舗に予備知識なしで行ってしまうと、豊富な商品の量に圧倒され、本当に欲しいものにたどり着く前に疲れてしまい、予定外のものや目についたものを買ってしまいがち。

そこで事前に公式通販サイトなどを見て、「こんな服があるんだ〜」、「手持ちの服と着回せそうなものはこれかな」と、気になる商品をチェックしておくのです。そのあとに、実際の店舗へ足を運んでじっくりと試着を。しゃがんでみる、お尻を突き出してみるなど、実際に着ているシーンをイメージして動いてみることも大事なポイントです。

理想どおりでしたら購入して大切に着回せばいいですし、「何か違う」と感じたら潔く諦める。「せっかく試着したから買わないと損」と思いがちですが、試着時に抱いた違和感が、その後小さくなることはまずないからです。

その部屋着やパジャマで避難できますか？

クローゼットの中がパンパンのお客様に共通していることのひとつに「部屋着の数もすごく多い」というのがあります。それも季節ごとに合わせて部屋着を持っている方が多いですね。例えば冬なら、モコモコとした素材のルームウェアやルームソックスなど。かわいらしいデザインが多く、もちろん私も嫌いではありません。とはいえ、晩秋から真冬のたった2~3か月しか着ないかさばる衣類がクローゼットに何着も入っているのは、スペースとお金がもったいない！

また、かつて外出着として着ていた服を「部屋着」として格下げし、その〝現役を引退した部屋着〟の量が、今の一軍の服よりも、結果的に増えてしまっている……というケースも多いです。洋服を買う時も、「もし似合わなくても家で着ればいいや」とハードルが下がってしまい、満足できない服を買う→満足できる服を求めてさらに買う、という負のスパイラルに陥ってしまいます。

二軍落ちしたヨレヨレの服で何週間も過ごせる？

首元がヨレヨレになったり、繊維が薄くなってしまったTシャツを部屋着にしている方は、皆さんたいてい「このクタッとした感じが、着心地がいいんですよ～」とおっしゃいます。確かに着慣れた服のほうが、やわらかく、肌ざわりもよかったりするんですよね。「でも、もし災害などに見舞われたら、この服で避難生活を送り続けたいと思いますか？」と、お尋ねするようにしています。

近年、日本のあちこちで自然災害が起こっており、いつどこで、誰が被害に遭うのかわからない状態です。まさに「明日は我が身」の中で、突然の避難を余儀なくされたら？もちろん最初の時点では、命の確保が最優先で洋服どころではありません。しかし難を逃れて、避難所の生活が1週間、２週間と続いたとすると……。二軍、いや三軍落ちしたヨレヨレの服や、季節が限定されるようなパジャマ姿で過ごし続けるのは、余計なストレスを生み出すのではないでしょうか。

基本の部屋着は「3着」あればいい！

「それじゃあ下村さん、部屋着はどれぐらいの数があればいいんですか？」と思われる方も多いでしょう。私の場合は、仕事の都合で出張など家を留守にする機会があるのでやや多めに、年間を通じて3〜5着をセットにしています。

まず、ブラトップ、ショーツなどの肌着は、洗い替えの頻度が多いので5着。その上に身に着けるTシャツと厚手のヨガパンツは3枚ずつ。秋から冬にかけてはパーカーを1枚、上に身に着けるだけ。どれも年に一回、新しいものに買い替えています。コンビニぐらいならば躊躇なく出かけられますし、万が一、「すぐに自宅を出て避難してください」と言われた場合でも、ヨレヨレになるまで着倒さないようにしているので、恥ずかしい思いをすることもありません。

これらはすべてユニクロなどの定番品を購入していますので、サイズや価格も安定しています。そのための枠（予算）も確保していますので、年に一回買い替えたとしても、経済的なダメージもそこまでありません。着なくなった服を大量に取っておき、なんとなく着ているよりも、保管する場所代の節約にもなっています。

ユニセックスなデザインを選ぶことも大事

　また私は女性のお客様には、「部屋着はユニセックスなデザインを選びましょう」とお伝えしています。我が家には娘がいるのですが、これは、彼女にも強く言っていることです。

　フェミニンさを際立たせる部屋着やパジャマが女性の心を潤してくれるのは確かですし、母と娘で「かわいいね〜」と盛り上がれるのは楽しいものです。でも悲しいかな、何が起こるのかがわからないのが現代社会。たとえ自宅にいても、宅配業者など人が出入りする機会はわりとありますし、避難所では性犯罪が後を絶たないという悲しい現実もあるのです。

　ファッションは自身をもり立ててくれるもの。さらにその一方で、実用性や自分の身を守る道具としての役割もあります。だからこそ、ご自身の部屋着を一度整理し、リニューアルされてはいかがでしょうか。

ハンガーにお金をかければ自然と片づく

クローゼットの中にあるハンガー、「クリーニング屋さんでいただいたものをそのまま使っている」という人は要注意！　無料でもらえる便利なものではありますが、衣類の整理・収納の妨げになっていることが少なくないのです。最近では、〝ひとつで何枚も洋服やストールなどの巻き物がかけられる〟便利グッズ系のハンガーも多いですが、それらがクローゼットの中に混在してしまい、どこに何があるのかわかりづらくなったり、取り出しにくくなったりしているお客様をたくさん見てきました。

私がお手伝いしたお客様の中には「もう、クローゼットは洋服を探しにくいから」と、別にハンガーラックを購入されて、リビングの一角に置いていらっしゃる方もいました。となると、ラックを買うお金もかかってしまいますし、リビングに出しっぱなしの衣料品

（布）は、空気中のホコリを吸い込みます。健康にもよくないですし、もはやクローゼット自体が、まったく機能していないですよね。これは、とてももったいない状況だと思います。そこでおすすめしたいのが、「お金をかけてハンガーをそろえること」です。

目線と色を統一させれば、最小限のものの量がわかる！

ハンガーに統一感を持たせることには、理由があります。人間は、視覚的に同じものが並んでいると「乱したくない」という心理が働きます。その心の動きを利用して、ハンガーをそろえてしまいましょう。色も白や黒などシンプルなものがおすすめです。クリーニング屋さんでもらえるハンガーは、お店によって色も形もさまざま。さらに、肩の部分の高さも統一されていません。この「高さがそろっていること」も、実は大事な要素です。

無料だからとお店のハンガーをそのまま使い続けていると、クローゼット内に色の数が増え、高さもバラバラなので目線が安定せず、ごちゃついた印象を受けがちになります。「はあ……、何か片づいていないな」、「クローゼットの中は洋服であふれかえっている」と思ってしまうのは、服の量だけではなく、ハンガーの使い方にも理由があるのです。

「クローゼットのポールの長さ÷2・5」が、ハンガーの適正な数と言われています。標準的なクローゼット内のポールは約160㎝くらいが多いのですが、2・5で割ると64。つまりハンガーの適正数は64本ということになります。衣類と衣類の間に手を入れやすく、洋服同士の摩擦による傷みも起こりにくくなります。

クローゼット内の衣類に手を入れられる〝すき間〟について、私はよく、飛行機の座席に例えています。エコノミークラスは1㎝。ビジネスクラスは2・5㎝。ファーストクラスが3㎝です。もしあなたが洋服で、クローゼットという飛行機に乗り込むとしたら……できれば余裕のあるビジネスクラ

ス以上を希望したいですよね（笑）。ちなみにインスタグラムなどで見られる「お手本のようなクローゼット」は、ファーストクラス級のすき間が空いているものが多いです。

ご自宅のクローゼットの幅、そして自身のライフスタイルなども考えながら、ちょうどいいハンガーの数をそろえてみてください。

ハンガーはコスパのいい自己投資

「無料でもらえるハンガーにお金を払うなんて、もったいない」と思うかもしれません。

例えば私がお客様によくおすすめしている、ニトリの「すべりにくいアーチ型ハンガー」は3本299円なので、100本買うと約1万円になりますが、この1万円は暮らしへの自己投資だと私は考えます。

「洋服はそろえたハンガーの数の範囲内まで」と数を決めることでセーブできる買い物の金額やゆとりのスペース代は、1万円以上の価値があります。

投資をして浪費を抑える。投資することで節約をし、お金が貯まる本質を教えてくれるのが、クローゼットのハンガーなのです。

寝室は一日で一番長く過ごす場所

クローゼットの整理・収納を始める時に心に留めていただきたいのは、「ほとんどのお宅には、寝室にクローゼットがある」ことです。最近ではウォークインクローゼットなどクローゼットが独立しているお宅も増えてはいますが、たいていの場合は、クローゼットがある部屋にベッドなどの寝具を置いているはずです。

睡眠時間を考えると、寝室は一日でもっとも長く過ごす場所。そして寝具は、大きな布の塊。布はホコリを吸います。つまり寝室は、寝具を置いているだけでホコリが大量に舞う空間なのです。さらにそこへクローゼットの中にある、ごちゃごちゃの衣料品（これも布の塊ですよね）のホコリが、開け閉めするたびに放出されるとしたら……。

せっかくの寝室が、「ホコリを大量に吸い込む場所」になってしまいます。これでは健康にもよくありません。

ベッドリネン類は多く持たなくても暮らしていける

クローゼットの片づけと同時に行いたいのが、「洗い替えのシーツ類」の処分です。布団を汚す可能性がある小さいお子さんがいる場合を除き、これらは「一人につき1枚あれば充分」だと私は考えます。晴れた日に洗濯をすれば、その日に乾いてしまうので、何枚も洗い替えを持つ必要はありません。

お客様の中には「思いきって布団カバーはすべて処分しました」という方もいらっしゃいました。カバーのかけ替えが面倒で、シーズンに一回程度しか洗濯しないので、いっそのこと「カバーをつけなくてもいいのでは？」と思い、実行してみたら支障がなかったそう。その代わり布団自体はコインランドリーで定期的に丸洗いしているそうです。清潔感を保ちながら、余分なものを持たないひとつの方法だと感じました。

ホコリ対策に空気清浄機を置くのもいいですが、ホコリの原因自体を減らしたほうが、部屋が片づき、掃除もラクになります。空気清浄機を買う前に、まずはクローゼット内の整頓を含めて、寝室内のホコリの量を減らしてみませんか？

さて！キッチンあるある その1
至るところにある賞味期限切れの食品がゴロゴロ登場するの巻
2年前…
半年前…？
カレー
4年前…
さば
色が変…
のり
こんなに…
反省してます…
キッチンあるある その2
放置メンバーがいるの巻！
これらの出番はいつきてるの？
ブレンダーセット
ヨーグルトメーカー
ていねいでヘルシーな食生活を目指そうと思って買って…
でもあまり
というかずっと…
出番がこない…
ギク
ですです
ちゃんとしたいって買ってみた気持ちはわかるけど
でも自分には合わないこともあるし
私も経験あるわ
それで片づかなくなっちゃうなんて本末転倒よ！
ポッ
先生も
合わなかったら潔く手放してね

第3章

荒れたキッチンの裏にある「ていねいな暮らし」プレッシャー

割り箸や保冷剤の量はわかりやすいバロメーター

ついもらってきては増えていく、使い捨ての割り箸、フォーク、スプーンなど。私が見てきた〝貯められない家〟では、必ずと言っていいほど、これらがキッチンの引き出しにあふれんばかりに詰め込まれていました。最近はそこに、レジ袋有料化の流れも相まって、無料でもらえるビニール袋なども大量に溜め込むご家庭が増えています。

解決策はまず「使わない分はもらわない」、「もってこない」が大原則なのですが、「ご自由にどうぞ」と言われると、つい多めにもらってきてしまうのが人間というもの。また自分は気をつけていても、一緒に暮らしている家族が持ち込んで増えていくのも、多いパターンです。

収納スペースを決め、「ここに入る分だけ」とルールを作りましょう。あふれそうになったときは「少しお弁当を買いすぎているかも？」と出費を見直すタイミングに。

　使えるものを処分するのは心が痛みますが、その〝痛み〟こそ、自分が必要でないものを持っていた証拠。「もう心が痛まないためには？」と考えると、スーパーで買い物をしたあとの振る舞いも変わってくるのではないでしょうか。「どれを何本だけ持つか」を決めるのもいいですね。４人家族であれば「割り箸、スプーン、フォークそれぞれ2日分」などです。

　これ以上をストックするときは、キッチンには置かずに防災袋へ入れましょう。万が一の時のための食器類としてキープしておくのです。ただし防災用も、何年も前の

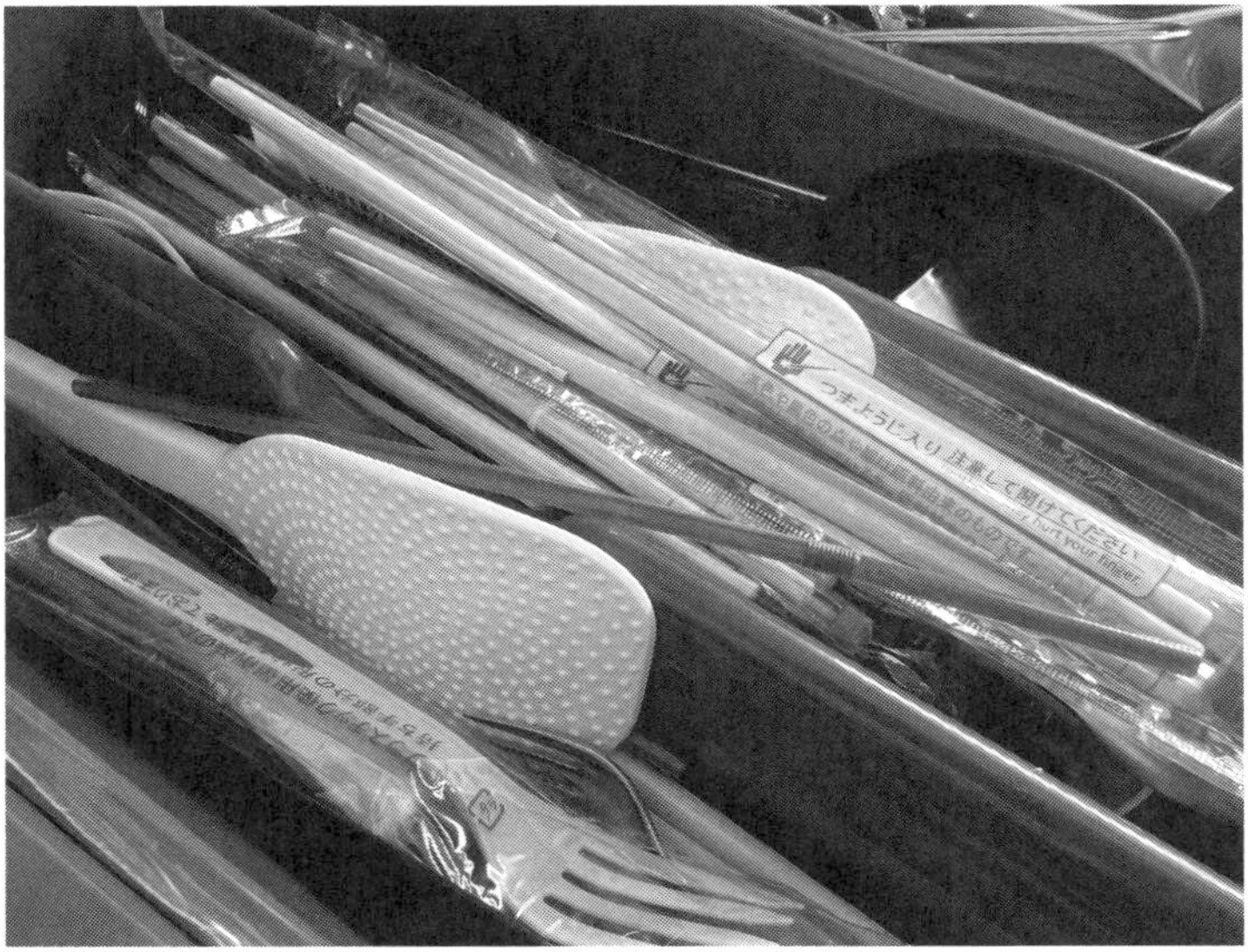

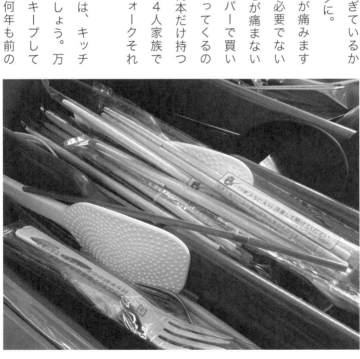

ものを持ち続けているのは、衛生面でも機能面でも、あまりおすすめできません。ストックする際はひとつの袋にまとめ、黒いマジックペンで〝〇〇年〇月〟と、日付を書いておくのです。こうしておけば、その後防災袋を整理した際に「うわあ、5年近く前の割り箸が入れっぱなしになっている」と正確な時期を把握でき、処分しやすくなります。

この〝黒マジックで日付を書く〟テクは、キッチン用品はもちろん、部屋のものの管理のあらゆる場面で使えます。

保冷剤はハンカチで包んで持ち歩き、熱中症対策グッズに！

ケーキやアイスを買った時につけてもらう保冷剤。冷凍庫内で収まっていればいいですが、冷やしていない状態のものを溜め込んでいませんか？　キッチンの吊り戸棚の中に保冷剤のストック場所を作り、そこに未使用のものを溜め込んでいるお宅もありました。

保冷剤は災害時に使えるため、ある程度の量は持っていてもいいでしょう。電気が止まってしまっても、冷凍庫の中に保冷剤が入っていれば、そのまま食べ物を冷やし続けることができるからです。ただし冷凍庫からはみ出るようならば、明らかに持ちすぎです。

もらってくる保冷剤は、どんどん使い倒してしまいましょう！　特にミニサイズの保冷剤は、使い方によっては冷蔵庫以外の場所でも大活躍してくれる、便利グッズなんです。

近年、日本の夏は暑くなり、熱さやだるさを感じる期間も長くなってきていますよね。自宅から少し外に出て歩くだけでも、熱中症に注意を払わなければならないレベルです。

小さめの保冷剤が増えてきたなと感じたら、私はハンカチで包み、夏場の外出の際に携帯して、手のひらを冷やしたり、首元に添えるなどしています。外を歩いているわずかな時間で溶けてしまうので、「一度の外出で引退」と決めて、潔く処分しています。キッチンに冷やしていない保冷剤を大量にストックしている方は、ぜひ試してみてください。

ただし「熱中症対策のために」保冷剤を溜め込むのは本末転倒です。これはあくまでも〝持ちすぎた分〟を、再利用しながらお別れするための、ひとつのテクニック。今はコンビニで凍ったお茶なども売っていますので、保冷剤だけに頼らなくても、夏場の熱中症は、さまざまな方法で回避することができます。

ものがものを隠す悪循環でお金もロスする

「あのトマト缶、どこへやったっけ？」。あるはずなのに探しても出てこず、仕方がないから新しいものを買う……。これは片づいていないキッチンあるあるだと思います。さらに悲しいのは、「もう使いきってしまったのかな」と思ったトマト缶が、別のある日、思ってもみなかった場所の奥からさりげなく出てくること。それも、賞味期限が1年近く過ぎていた……。思い当たる節がある方は、多いのではないでしょうか。

これぞ、ものがものを隠す悪循環です。せっかく買い置きをしていたのに、多すぎるものによって見えなくなってしまって有効活用できず、結果的にお金も、食材自体も、そして置かなければ空いたはずの場所もロスしてしまうのです。これは食べ物を大切にする、というエコな考え方からも、離れていってしまいます。

私がおすすめしたいのは、ストック食材は種類や品数をあらかじめ絞っておき、1個のストッカーや引き出しに同じ食品を入れておくようにする、というテクニックです。

ストック食材の「ベーシック」を決める

保存期間が長いうえに、開けてすぐ食べられる缶詰は、とても便利なストック品。スーパーへ行けば、さまざまなものが売られています。貯められない人ほど、ツナ缶、鮭缶、サバ缶、ホタテの水煮缶にカニ缶……と、たくさんの種類を買いそろえがちですが、ちょっと待って。そんなにたくさんの缶詰、本当に必要でしょうか。

ご自身や家族が気に入っていたり、他の食材とアレンジしやすい缶詰は、たいてい2〜3種類ぐらいだと思います。だとしたらその種類ごとにひとつのケースに入れておき、少なくなったら買い足すという仕組みを作ってしまえば、ムダな買い物も減りますし、ストックも余すことなく使いきることができます。

そう、この〝自分がラクになれる仕組み作り〟が、キッチンはもちろん、部屋の中のいたるところで、そして家計をラクに管理するためにも欠かせないと知っておきましょう。

ドレッシングは1種類。手作りだってアリ!

キッチンの中で、この〝仕組み作り〟を上手に活かせる具体的な場所とものがあります。それは、冷蔵庫のドレッシングです。

自宅の冷蔵庫のポケットの部分を確認してみてください。青じそ、中華、ごま、ノンオイルなど、多種多様なドレッシングが並べられていないでしょうか。そして恐らくすべてが「中途半端に開封された状態」になっているはずです。「今日は中華ドレッシングにしようかな~」と思った時は、すでに消費期限切れ。もしくは「中身がほとんど入っていなかったにもかかわらず、冷蔵庫の中に入れっぱなしだった」などの事態もありそうです。

ドレッシングは思いきって1種類に絞りましょう。「でも家族の好みがあるし……」、「買い物の時に『お母さん、コレ』と、買い物カゴに入れられていることも多い」という人は、家族が好きな味つけのものをまず1本。そして「この青じそを使いきったら、次は中華にしよう!」と家庭内で決めてしまいましょう。「そのほうが冷蔵庫の中がスッキリして節約になるよ」、「ドレッシングを探して冷蔵庫を開け閉めする手間や、電気代も浮く」など、理論的に話してもいいですね。

家族がいる場合、いきなり「5本あるドレッシングを1本に減らします!」となると、反発されることもあるでしょうから、理論的に伝えるようにしましょう。〝心地よく暮らすための仕組み作りなんだよ〟と、みんなで目的を共有できるといいですね。

さらにもう一段階進んでみたいという方は、市販のドレッシングを買うこと自体をやめてしまうのもテです。ドレッシングはオイル、塩、お酢を混ぜれば簡単に手作りできます。お好みでマヨネーズやスパイスを足したり、オリーブオイルをごま油に替えてみたりしてもいいですね。それこそ、「いただいたものの、酸っぱくて食べきれずにいた梅干し」など、余らせがちな食材を加えてみたり……。工夫次第で食生活にも彩りが増えそうです。

しつこいようですが、片づけと節約の基本は「今あるものを工夫して使いながら、極力不要なものを増やさないこと」です。缶詰、レトルト、ドレッシング、パスタソースなど、あって当たり前のものを一度見直し、自分や家族にとってのベーシックを検討してみてください。買いすぎていたものと、必要なものの区別がつけられると、キッチン自体の使い勝手もよくなっていくでしょう。

「あったら便利」はなくても平気

前の項で「ドレッシングは買わずに手作りすることもできる」というお話をしました。ここではさらにキッチンの中にある、〝もしかしたらなくても大丈夫なのでは？〟という食材を、一緒に見直してみましょう。

例えば私の家では、お好み焼きに使うソースは置いていますが、とんかつなどの揚げ物類に使う中濃ソースや、ケチャップは常備していません。私や家族の食の好みやライフスタイルを考え直した結果、「あまり使わないな」、と思って買うのをやめてみたのです。

その結果、「どうしても中濃ソースが必要！」、「ケチャップがないと食事が成立しない！」といった場面はなく（笑）、買い足すことのないまま、日々が過ぎています。つまり、我が家には必要のない調味料だったんですね。おかげで、冷蔵庫の中は、かなりスッキリとしています。

お土産でもらった塩類は〝混ぜる〟！

それから、私自身も使い方に困り、またお客様からもよく相談されるのが「お土産でもらった、珍しい塩」です。

塩は調理に欠かせないものですし、最近ではパッケージがおしゃれなものも多いですね。しかし結局使いきれずに、キッチンの戸棚や引き出しの一角を陣取ったまま……ということも。

私は、塩をいただいたら、まずはそのまま使います。しばらくたっても使いきれないと感じたら、普段使いの塩を入れてあるポットに、一緒に入れてしまいます。産地が混ざってしまいますが、〝オリジナルブレンドの塩〟と考えてしまえば大丈夫（笑）。引き出しの奥で古くなるより、惜しみなく日常使いをしてしまったほうがいい、と考えています。

岩塩など、粒が大きくて特徴がある塩は、自宅の浴槽に入れて問題なければ、バスソルトとして使うこともおすすめしています。調味料だからといって、何も料理だけで使いきらなくてもいいのです。別の場所で転用し、ストックを減らしてみましょう。

スパイス・香辛料は使い始めの日付を書く

塩と同じぐらい溜まりやすいのが、スパイスや香辛料の類。いただきものはもちろん、輸入食材店などで珍しいものがあると、ついつい買ってしまう……という方も多いのではないでしょうか。

私は、風味を味わうスパイスや香辛料こそ「鮮度が命」だと思っています。なので新しく使う場合は、必ずパッケージに黒いマジックペンで開封日を書いています。これも、〝黒いマジックペンを使ったものの管理方法〟のひとつですね。黒いマジックペンは本当に便利なので、キッチン、リビング、寝室……など、各部屋に1本置くことをおすすめしています。新しいものを使う時に、日付をメモしておけば「随分と時間がたっているな」、「長く持ちすぎているかもしれない」と、ものの見極め時を自動的に教えてくれるからです。

特にスパイスや香辛料は、いつ買い、いつ開けたものかを忘れてしまいがち。最初の日付から1年ぐらいたってもあまり中身が減っていないようならば、そこまで必要のない証拠。少しもったいないですが、思いきって処分してしまいましょう。

珍しい食品こそ早く使おう！

ここで私の〝もったいない〟エピソードもお伝えします。以前、夫が中国へ単身赴任していた際に、高価なお茶をお土産に買ってきてくれたことがありました。時間をかけてていねいに抽出するタイプのものでスペシャル感のある一品だったのですが、私には、その「ていねいに」が、どうしてもおっくうで仕方がなく、そのままに……。夫からは「あれはすごくいいお茶なんだぞ！」と言われましたし、私もプレゼントしてもらったこと自体は嬉しかったのですが、結局、飲むまでにかなりの時間がかかってしまいました。

こういった体験は、多かれ少なかれ、誰もがされているのではないかと思います。だからこそ私の持論は「珍しい食材こそ、いただいてテンションが上がっている期間にさっと使いきる！」。また自分がお土産やプレゼントを買う立場になった場合も、想像力を巡らせたいですね。旅先で、仲のいいお友達に何か一品買いたいと思った時は、ビールやワインなどのアルコール飲料にしています。あげるほうももらうほうもハードルが低いですし、飲んだあとの処分もわずらわしくないからです。

意外と邪魔な「ちょっといい食器」

食器にも目を向けてみましょう。あなたの自宅には、普段使いのお皿やマグカップ以外に〝ちょっといい食器〟が眠っていませんか？

ひと昔前は、結婚する際に、親御さんからお客様をおもてなしするための来客用食器一式を贈られる、ということが一般的でした。しかし時代は変わり、自宅に大勢の人が集まる機会は減り、ちょっとした会合に使える手頃なお店の選択肢も格段に増えました。おもてなしのためのいい食器が、使われることなく眠ったまま、でも高価なので手放すのも惜しい……そんな残念なことになっていないでしょうか。

「もったいない」と思わず、食器はどんどん日常使いしてしまいましょう！　使わないことが、スペースとものにとっても、もっとも「もったいない」ことです。食事用にこだわらず、花瓶や小物置きとして使ってもいいですね。

惜しみなく使っていけば、割れたり、欠けたりすることもあるでしょう。そうなったら「ありがとうございました」と、感謝の気持ちを込めて処分を。ピカピカで一度も使わないままにしておくよりも、ずっとものを大切にした、という気持ちを味わえるはずです。

また、素敵な食器をたくさんお持ちなのにも関わらず、家族での日常の食事では食品メーカーのキャンペーンでもらえるものや、粗品やおまけでいただいた食器を使っているご家庭もたくさんあります。「適当に扱えるからラクでいい」というお気持ちはよくわかりますが、ご自身にちょっと問いかけて欲しいのです。「あなたはどんな暮らしがしたいのですか？」、「あなたはどんな食器が似合う人でありたいですか？」と。

おそらく適当に扱われる暮らしがいい、という方はいないと思います。またおまけの食器よりも、ちょっといい食器が似合う自分でありたいならば、ぜひそれらを日常使いしてみてください。食器の扱い方が自然にていねいになり、所作も変わってくるでしょう。お子さんに「いいもの」がわかる子になって欲しいならばなおのこと、素敵な食器のよさを体で感じてもらうのが一番です。

「大小さまざまな保存容器を持つ」という誤解

冷蔵庫や食器棚の中で意外にスペースを取っているもの、それが保存容器です。確かに保存容器は、あると大変便利です。料理の作り置きをこまめにやっている方などは、保存容器はあればあるほど便利、と思われているかもしれません。100円ショップでもさまざまな形やサイズが売られていますから、便利そう！　と気軽に買い集めやすいですよね。

しかしその「サイズがバラバラ」なことが、収納の落とし穴。丸型、正方形、長方形……。キッチンのシンク下や吊り戸棚の中で、形や大きさの異なる保存容器が混在し、重ねて収納することもできず、結果的に空間をムダ遣いしていることが多いのです。

試しに「今、おかずが入っていない保存容器」を集めてみてください。どの程度使っていますか？　黄ばんで汚れていたり、素材が劣化したりしているものはありませんか？

現在、スタメンとして活躍し、冷蔵庫に入っている保存容器があるなら、「足りている」

証拠。それ以外の出番の少ないものは、手放しても実は平気かもしれません。

保存容器はガラス製でスタッキングできるものを選ぶ

「保存容器を新しく買い替えるとしたらどういうものを選べばいい？」と迷われる方もいるかと思います。私がおすすめしているのは、ガラス製かつスタッキング（重ねる）ができるものです。私は日本の老舗メーカー・iwakiの耐熱ガラスシリーズの容器を愛用しています。耐熱製なのでオーブンでも使えますし、ガラス製の容器は、お皿代わりにそのまま食卓に出して使っても見栄えがします。汁物などは、フタにスクリューがついたジップロックのプラスチック製の保存容器を愛用中です。どちらもサイズに統一感があり、重ねて置いておけるので、冷蔵庫の中がごちゃつきません。

買う時にサイズを決めてしまうのもポイントです。「安いから」といって、サイズ違いのセットを購入するのは避けましょう。冷蔵庫に入れる食べ物の量が多くても少なくても、いつも同じサイズの容器を使っていれば、ごちゃごちゃすることはありません。

人気のキッチングッズの「福袋」はお得ではない

近頃ではキッチンに置いておくだけでインテリアにもなる、素敵な鍋やフライパンが増えています。その分、値が張るものも多いので、福袋などのセールを狙っている方もいるかもしれません。でもちょっと待って。

この「福袋」、一見お買い得なイメージがありますが、片づけや収納の面からすると、あまりお得ではありません。キッチングッズは、使う人や家族構成によってぴったりくる大きさや形が違ったりしますよね。デザインが素敵だったり、流行りの形をしていても、実は自分や家族が使うには重すぎたり、大きすぎることもあるかもしれません。

また福袋は複数のグッズが入っていることが多いですが、それらすべてを使うかといったら、不確定な部分も多いですよね。「お楽しみ」と割り切って買うならそれも構いませんが、「このアイテムやセットが〇万円（定価）だったら購入するか？」と一度冷静になって自分に問いかけてみてください。「使う頻度が低そう」、「似たサイズの鍋をすでに持っている」など、案外、買わなくても済むケースが多いです。

なんとなく買ったものはなんとなく使わないまま

こう書くと、何だかキッチングッズのセールや「福袋」が悪者みたいですが、そうではないので安心してください。「福袋」にもちゃんと素敵なグッズが入っていますし、ワクワクしながら購入し、入っているものを使いきることができたら、こんなに素晴らしいことはありません。

問題なのは、安いからとなんとなくボーッと買ってしまう、私たちの消費行動（買い物の時のクセ）です。「お値引きだから買ったけど、使わないいな」というキッチングッズが溜まっている人は、一度、自分の買い物グセを振り返ってみましょう。なんとなく買ったものは結局なんとなく使わないままですし、また同じような買い物を繰り返しがちになるものです。特にキッチングッズは、「便利そう」、「おしゃれ」でなんとなく買ってしまいがち。

キッチンの吊り戸棚やシンク下に隠れている、前は使っていたけど今は使っていないもの、なぜか持っているもの、持っていることすら忘れていたもの……。新しい何かを買う前に、思いきってこれらを処分することから始めませんか？

「この家電を使いこなしたい」がプレッシャーに

鍋やフライパンと並び、〝貯まらない家〟で場所を取りがちなのが、キッチン家電。電気圧力鍋、ジューサーやハンドブレンダーなど、使いこなすと便利で魅力的なものがたくさん登場しています。ただこの「使いこなす」までが、案外ハードルが高いもの。買ったはいいものの、使いこなせるようになる手前で、「なんだかうまく使えていない」と苦手意識を持ってしまい、結果的に放置されやすいのです。

キッチン家電はとても便利な代物ですが、「洗うのに手間がかかる」という共通点があります。例えば子育てしながら共働きをされている方でしたら、理想は毎朝、ジューサーで搾りたてのフレッシュジュースを作って楽しみ、その後きれいに洗ってから出かけること。でも現実となると、ただでさえ忙しい時間帯に〝ミキサーをメンテナンスする時間〟が加わり、とてもじゃありませんが、日常使いをしている余裕がなかった、なんてことも多いはず。これはご自身のライフスタイルにそのキッチン家電が合っていなかった一例です。

セットになっている家電が収納の場所を取っている、というケースもあります。例えばハンドブレンダーを買ったら複数のアタッチメントがついていたけど、普段使うのは1種類だけ、でもセットなので買った時の箱にまとめて収納してかさばっている……。

こんな時は、普段使うものだけキッチンの取り出しやすい場所に残しておき、残りのパーツは納戸などにしまうとスッキリします。普段使っているほうに、「他のものは○○に収納」と書いたマスキングテープを貼っておけば、いざ使う時も「どこに置いたっけ？」と慌てません。

キッチン家電は、使いこなして習慣化できれば大変便利なものですが、そこまでにはかなりの時間を要します。ＳＮＳなどで〝神グッズ〟的に、使用例を紹介してバズっている投稿もありますが、動画で紹介できるほどの方は、「相当、使い込んで覚えた」と認識しておけば、買う前に冷静になれるかもしれません。「これをいつ、どうやって使って、メンテナンスしていく？」と脳内シミュレーションしてみましょう。

「ていねいな人や生活」に憧れ、目指す必要はない

便利家電が次々と登場する一方で、オーガニックフードへの関心が高まり、手作り味噌や梅仕事といった、あえて手をかける食文化も復活しています。手作りの梅酒を保存するビンや、手作り味噌を入れるための樽などが必要になってきますが、買ったものの使いこなせていないという人も、意外といるのではないでしょうか。

日々の時間に追われず、料理や掃除をていねいにやり、毎日をゆったりと暮らす——。そんな生活ができたら理想ですよね。趣味で行うにも、健康にもとてもいいと思いますし、楽しんでできる方は、どんどん行っていただきたいです。ただし気をつけたいのは、「本当に自分がやりたいこと?」と一呼吸して考えること。

片づけのお仕事をしていて感じることがふたつあります。ひとつは皆さん誰もが、豊かでていねいな暮らしをしたいと思っていること。これは本当に素晴らしい考え方だと思います。そしてもうひとつが、その「ていねいな暮らし」が、プレッシャーとなっているケースが多いということです。

きちんとした毎日を送るために買ったものを現実の生活の中に落とし込めず、使いきれていない自分に罪悪感を抱いている方が少なくありません。いつの間にか「したい」という憧れや希望が、「しなくては」というプレッシャーになって、それに気づかないまま、苦しんでしまっているのです。これは、非常にもったいないことだと思います。

この時代、仕事、育児、家事、介護など、ご自身のことに加えて忙しい事情がたくさんあると思います。いくつかのライフステージが重なっている方もいらっしゃるでしょう。だとしたら余計に、「キッチンはシンプルに」を心がけてみてほしいのです。食材や調味料、食器、調理器具は、数を絞ってみれば案外なんとかなるものです。ちなみに私は炊飯器とオーブントースターを持っていません。お米はお鍋で炊けますし、パンはフライパンで焼けます。

片づけの専門用語でものが使いやすい場所を「ゴールデンゾーン」と呼びますが、実はキッチンは、このゴールデンゾーンが意外に少ない場所。だからこそ、場所と空間のコスパを意識して、快適にしていきましょう！

どこ行っちゃったのかな～
おーい
探しもの？
ル●バが朝から行方不明で
あの子…ふらっといなくなっちゃうんですよね…
あの子…
あそこに埋まってるわよ!!
ウィィン
ちょっと!!
ル●バが動ける床にしてあげてー!!
はい…
リビングは家族で長い時間を過ごす場所だから…
心地よい空間にしていきましょう

第4章

ルンバに優しいリビングをつくろう

片づいていない家には高級家電がたくさんある

私がお客様の家へお伺いした際に、最初にお尋ねしていることがあります。充電式掃除機をお持ちの場合には「今、お持ちの掃除機、充電をされていますか？」。これは片づけの最後に掃除機を使い、部屋中をきれいにするための準備と、お客様のものへの愛着や関心などを知るためです。

片づいていない家には、ルンバなどのロボット式掃除機、ダイソンのような吸引力を誇る充電式掃除機、空気清浄機などの高級家電がよくあります。そして残念なことに充電されず、稼働していないものも少なくありません。ものが増えてごちゃごちゃすると、その部屋の空気がどんよりとしてくる→きれいにしたいので空気清浄機を買う→室内のものの量としては相対的に増えているので、ごちゃつきは解消されない→空気清浄機を使う頻度が減る→さらにものが増えて空気が淀む→じゃあ次は掃除機を買う……と、「高級家電を買い続け、部屋は永遠に片づかないスパイラル」に陥っている例が多いのです。

空気清浄機も機能性の高い掃除機も、ちゃんと使えばきれいな部屋をつくるのに役立ってくれます。でも充電されずにただ置いてあるだけだったら、それは「空間を陣取るコストの高いもの」でしかありません。新しくものを買う前に、まずは使っていないものを処分するだけで、どんよりしていたお部屋の空気もスッキリします。スペースが空き、動きやすくなった部屋の中から窓を開けて換気を習慣づけるようにしたら、空気清浄機は必要ないかもしれません。そしてものが少ないリビングならば、吸引力の強さにこだわらず、今まで使ってきた掃除機でも、部屋のホコリを吸い取れるはず。

高級家電は、だいたいひとつ数万円以上はしますから、空気清浄機と掃除機の買い方を考え直してみるだけでも、約10万円の節約に！　これぞまさに「ものを減らせばお金が貯まる」と、私が繰り返しお伝えしているゆえんです。「それでも流行りの高級家電を使ってみたいな」という方は、スッキリと片づいた部屋にしたあとで、買うかどうかを再度検討してみましょう。

片づいた部屋に迎える家電には愛着が湧き、ていねいかつ長く使えるはずです。

「ルンバに優しい」という目線で片づけてみる

リビングやダイニングの片づけの際に、お客様からこっそり相談される内容があります。「すみません、下村さん……。お恥ずかしい話なんですが、この家のどこかにいるロボット式掃除機を一緒に探してください」、「ロボット式掃除機の充電器が見当たらなくて困っています。リビングのどこかにあるはずなのですが……」。

そう、散らかっている部屋でルンバなどのロボット式掃除機や、その充電器を行方不明状態にしている人がどれほど多いことか！　なかには「見当たらないので、2台目を買っちゃいました」という方も。なんともったいない（泣）。その2台目も行方不明になったとしたら、合計で10万円以上の浪費をしていることになります。

ちなみに電話の子機やｉＰａｄなどタブレットの行方不明も多いです。ないと困るので、やむなく買い足しているお客様をたくさん見てきました。

小さいものだとSuicaに代表される交通系ICカードが、部屋の隅から何枚も出てくるお宅も。交通系ICカードは「金券」の部類に属します。つまり家中にお金を落としてはまた買い足し、また落としているということ。

床にものがあるのは「容量オーバー」の証拠

行方不明になったものは大抵、リビングの床に積み重ねられている洋服など、衣類系のものの下のほうから出てきます。「掃除機がいないんです〜」とおっしゃる方のお部屋には、だいたい洋服の地層が3つぐらいのゾーンに分かれて形成されています。

このようにリビングの床にものがあふれているのは、ものが、そのお宅のリビングの許容量を超えている証拠です。目指したいのは「ロボット式掃除機がストレスなく走り回れる空間」。床の上で何に引っかかることもなく、スイスイと走れるスペースが作れていれば、その空間の中でものは適量に収まります。掃除機自体も活躍できる、理想的な状態です。

では、なぜ人は床にものを置いてしまうようになるのでしょうか？

人間がものを「置きやすい」と感じることが多いのは、だいたいダイニングテーブルぐらいの高さと言われています。それゆえに「ダイニングテーブルにはものが溜まりやすい」という弱点があります。ただし食事をする時には邪魔になるので、今度はキッチンカウンターへ移動させます。さらにテーブルやキッチンカウンターに置ききれなくなると、今度は棚の上などに置いていきます。人はものを置くなら「平らなところ」と無意識に考えるからです。こうして移動していった結果、最終的な平面が、「床」というわけです。

あとで読む本、確認する書類、外出先から持ち帰ったカバン、コート、室内用のパーカー、ブランケット、美容グッズ、運動器具……「とりあえず」の床置きが繰り返された結果、先ほどお話しした〝ものの地層〟と化し、大物だとロボット式掃除機、小さいと交通系ICカードなどが部屋の中で遭難状態となるわけです。

お金を失う人は〝足し算〟をする！

部屋が片づいている人・お金が貯まる人は、なくしたものがあるとすぐに探します。片づいているのですぐに見つけることができ、時間もお金もロスしません。

逆に部屋が散らかっている人、節約が苦手な人ほど、探し物に時間がかかります。そして見つからないからと諦めて、「また買えばいいや」という思考になり、ムダな時間とお金を使ってしまいます。つまり「足し算」傾向にあるのです。先ほどの交通系ICカードも「たった1枚や2枚」と思われるかもしれませんが、その都度買い足していくと、結構な金額になっていきます。

一日に使える時間は限られています。だからこそ、ものを買う前には「これ必要？」と自問自答し、大切なものはすぐに使えるようにしておく。これだけでも時短になりますね。そして見つからなくなったら、すぐに探す！　さらに見つけられなかったとしても、「新しく買わずにどうにかできないものか？」と、考えるのも大事です。

「片づけるため」の本やグッズが溜まる理由

世の中には収納や片づけに関する本がたくさん出ています。役に立ちそうなテクニックがいろいろありますし、紹介されている収納用のグッズも便利そう。100円ショップやホームセンターなどへ行くと、そこにも、「あったら使えそうだな」と思わせてくれる便利グッズや生活用品がいっぱい。さらにSNSをのぞくと、これらのグッズを使いこなすテクニックが紹介されていたりもして……。もはや「収納や片づけに関する本を集め、お役立ちグッズを買うのが趣味」という方も、いらっしゃるような気がしています。

この収納グッズ関係に関しても、「足し算」ではなくて「引き算」思考を使ってみましょう。人間は片づけをしたいと思っている時には「ものを増やしちゃダメ」と考える一方で、なぜか「収納グッズならば増やしてもいいか」となりがち。収納用品を購入することで、我慢している買い物欲を満たす側面もあるのかもしれません。

人間は、新しいものを見たり触れたりすると、脳内からドーパミンという興奮系の物質が分泌されます。洋服を買った時のときめきもそうですし、便利そうな収納グッズを大量に買い、満たされた気持ちになっている時にも、このドーパミンがドバドバと出ているのだと思います。買う行為と快楽がセットになってしまうんですね。

問題なのは、この「買い物＝快楽」がクセになり、頻繁に繰り返されるような状態。特に日用品、雑貨などは単価が安いものも多いので、ちょこちょこ買って快楽を満たすことが可能です。その結果、ものだらけの部屋ができ上がり、なぜかお金も貯まらない、という結果に陥りがちです。

片づけ本や収納グッズが大好き、という方は、今までよりも買う行為を3分の1にしてみるなど、少しずつ、その量や回数を減らしてみませんか。それを1週間、1か月、3か月、半年と続けていけば、「本当に必要なもの」と「そうでもないもの」が見極められるようになるはず。そして気がつけば、プチ買い物依存症になっていた自分を客観視でき、ものの数も増えにくくなっているはずです。

テレビボードの下にあるDVD・CDの収納を見直す

私はインスタグラムで自宅のリビングの写真などを公開しています（@shihoshimo）。「スッキリした部屋ですね」とお褒めいただくことも多くてありがたい限りですが、実はそんなに広い空間ではありません。リビングには椅子2脚、大きめの照明、サイドテーブル、観葉植物、そして猫を飼っているので、キャットタワーになる壁に取りつけたステップ、猫用ベッド、そしてテレビ、テレビを置くテレビボードと、必要な家具をすべて置いています。床にはものを置いていないので、我が家のリビングではロボット式掃除機が、今朝も快適に走り回っていました。

そんなごく普通の家具を置いている我が家のリビングですが、ひとつ、収納テクニックに特徴があります。一般的にテレビボードの下に収納しがちなものを、あえて置いていないこと。収納しがちなものとは、DVDやCDの類です。

ほんの10年ほど前までは、CDやDVDをテレビボードの下に収納するのは〝当たり前〟の光景でした。音源を買うといえばCDでしたし、映像作品も手軽にDVDで売られるようになり、ドラマや映画のDVDを買いやすくなりました。推し活をしている方は、アーティストのDVDボックスなどを何種類もお持ちかもしれませんね。

また子どもの成長をビデオカメラで撮影し、DVDに保存しているご家庭もあるかもしれません。

大切で、よく見返すものであれば、もちろんテレビボード下に収納し続けてもいいと思います。ただし最近はネット配信が充実したり、PCで映像を再生できるように

なって、録画したものを〝DVDに焼く〟手間がかからなくなったりしています。つまり「10年前と同じ感覚で、テレビボードの下をDVDやCDで占領する必要はない」状態になっているのです。

テレビボードは、リビングの中でももののが置きやすい貴重なゴールデンゾーン。ここに、「今使っていないもの」を置きっぱなしにしているのは、とてももったいないです。家族みんなが使う文房具や日用品など、より出番が多く、あったら便利なものの収納に使えないか、ぜひ見直してみてください。

可能な場合はPCに取り込んでしまうテも

お子さんの成長記録など思い出系のデータは、PCに取り込み、クラウド上で保存してしまうのもアリです。これぞ、究極のトランクルーム。DVDを置くスペースがぐっと少なくなりますし、検索もしやすくなります。

また再生するデッキ自体がもうないのに、古いビデオテープを持ち続けている方もいるかもしれません。ビデオテープを再生するためだけにカメラやデッキを持ち続けているケースもありますが、機械もテープもいずれ壊れてしまいます。早めにデータ化することを私はおすすめしています。

技術に自信がない、時間がないという方は、業者に依頼する方法もあります。

高い場所代に値するデータかどうかを再考する

それから、安かったからなんとなく買った映画のＤＶＤ。これももしかしたら、Ｎｅｔｆｌｉｘなどのサブスク配信サービスで観ることができるかもしれません。「サブスクってお金がかかる」と思われるかもしれませんが、何度も述べてきたように、一番お金がかかるのは場所代です。めったに観ない、聴かないＤＶＤやＣＤであれば処分し、配信サービスにお金を使ったほうが、コストパフォーマンスがよいと言えます。

ただし、本当に大切なものであれば、無理に手放す必要はありません。サブスク配信サービスは、版権の問題で、それまで利用できていたものが急に利用できなくなることもあります。それがご自身にとって本当に大切なのか、それとも惰性で持っているだけなのかを見極めていくことが、片づけ上手、そして貯め上手への道です。

魔窟になりがち「とりあえず一時置きボックス」

送られてきた郵便物、子どもの学校の書類、役所関係の提出物など、私たちの生活は〝紙もの〟であふれています。毎日増え続けるこれらの紙ものの整理のために、ダイニングテーブルやキッチンカウンターなどに、とりあえずの「一時置きボックス」を作っている方も多いでしょう。

この「一時置きボックス」、便利なようでいて、あっという間にごちゃごちゃした〝魔窟〟化しやすい、扱いの難しい存在です。ボックスに入れた瞬間は整理されたような気持ちになりますが、自分のもの、家族のもの、過去の書類、これから提出すべき用紙などが混在しています。気づけば、いつもらったのかも思い出せないうちわなども差さっている状態に……。いざ「あの書類の提出期限は明日だ」と気づいて中を探っても、闇が深すぎて肝心の書類は行方不明。自分も家族もイライラする羽目になります。

またこの魔窟がダイニングテーブルやキッチンカウンターに置ききれなくなると、床置きされ、前にも述べた、掃除機の走行を妨げる〝地層〟の原因にも。おぞましい魔窟!! なんとかしなくてはいけませんよね。

解決するためには、行動習慣から変えていきましょう。箱の〝中に入れる〟から〝見なくなる〟のです。

一番大事なポイントは、届いたらその場で書類を見ること。封を切り、中身を確認して、取っておく必要がないものは即ゴミ箱へ。学校の提出物や、自治体から届く予防接種用の書類など、一定期間置いておく必要があるものも、ひとまずその場で中身を出し、内容を把握することが大切です。

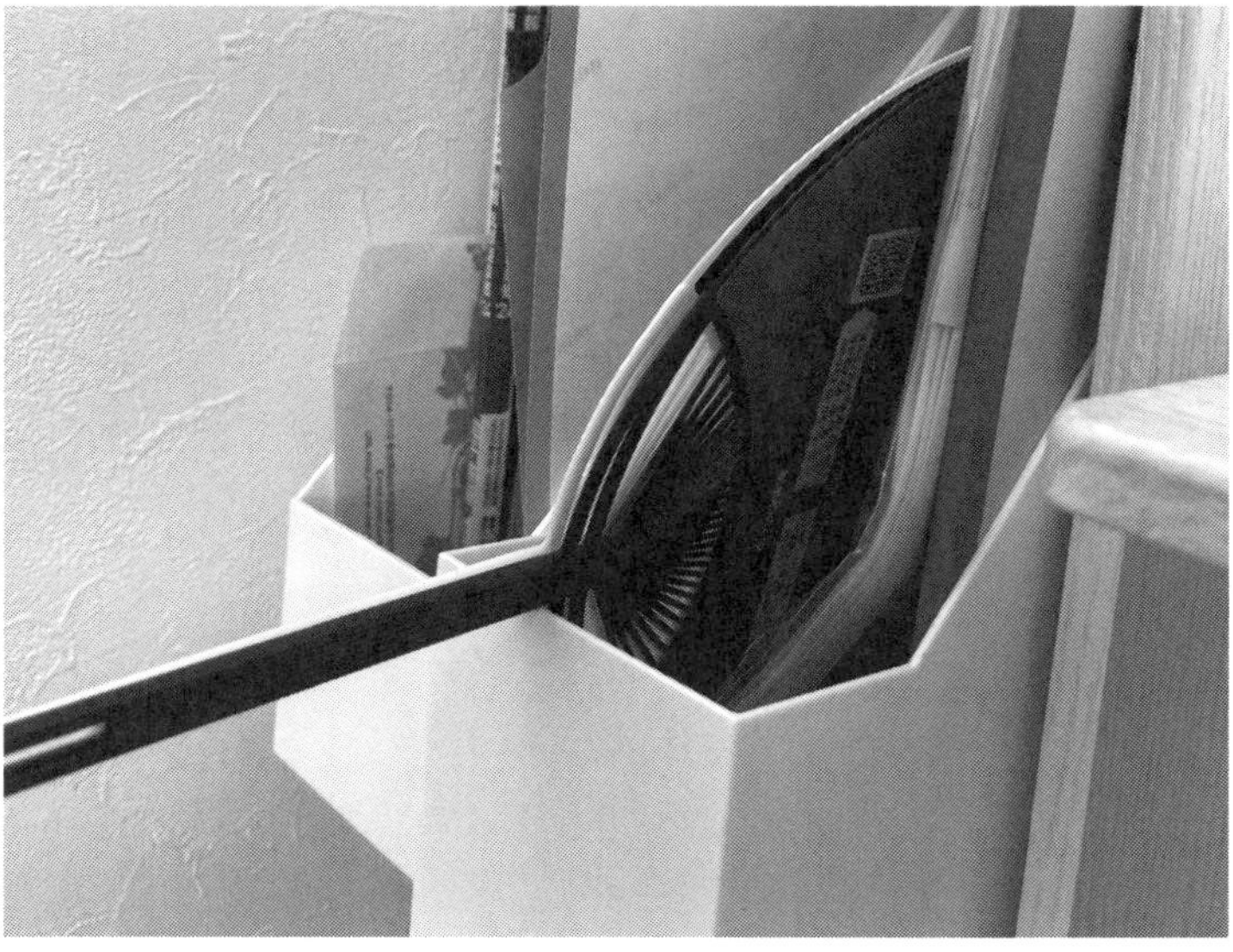

ちなみにキッチンカウンターやダイニングテーブルの近くには、封筒を開封するためのハサミと、書類に押す印鑑を常備しておくと便利です。捺印が必要なものは、帰宅後その場で読んで、書き、ハンコを押すところまでできたら最高です。すぐやれば、たった3分程度で終わる作業。「月末にまとめて……」と思って溜めておくとおっくうになるので、なるべく毎日やることを習慣化しましょう。

似たようなもので「あとでシュレッダーしようボックス」もありますが、こちらも「シュレッダーしなくてはいけない書類を溜めるだけの箱」となっていることが多いです。シュレッダーは使いやすい場所に設置して、すぐ使えるようにしておけば、不要な書類は溜まりません。特に家庭用のシュレッダーは一気に大量に処理できませんから、こまめにやると決めておきましょう。

・・・・・・・・収納ボックスとクリアファイルで「仕組み化」

封を切る↓目を通すが習慣化でき、必要な書類のみを選別できたら、ようやく収納グッズの出番です。私が一時置きボックスの代わりにおすすめしているのが、収納ボックスとクリアファイルで作る「必要な書類ボックス」です。

無印良品やニトリなどで売っている収納ボックスの中に、クリアファイルを複数差し込んでおきます。封筒から取り出した必要な書類を、クリアファイル一枚につき、ひとつずつはさんでいくのです。透明なので、パッと見て何の書類が入っているかわかりやすいですし、さらにクリアファイルに「〇〇用・提出期限〇月〇日」と書いた付箋を貼ってもいいですね。

このボックスに入れるのは基本的に提出待ちの書類のみなので、提出期限直前になって、魔窟となった一時置きボックスから必要な書類を探し出して、読んで、捺印して……というわずらわしい作業は発生しません。またいつの間にか書類にしょうゆやコーヒーなど、生活感たっぷりの何かが飛んで紙が汚れてしまう……といった気まずい事態もなくなります（笑）。

わかりやすい収納システムは、心に余裕を持って生活を回すための手助けとなります。ぜひ試してみてください。

忘れ去られる保証書、取扱説明書

家電を購入した時についてくる商品の保証書や取扱説明書、あなたはどうしていますか？「なんとなく捨てづらくて保管してある」、「と言いつつ、どこに置いたのかも忘れてしまった」。さらには「家電本体はとっくに処分済みなのに、なぜだか保証書や取扱説明書だけはまだ残っている」なんて例もあるかもしれません。これらの上手な手放し方、保管の仕方を一緒に考えてみましょう。

まずは保証書からです。これは結論からお話しすると、「買ったその日に捨ててＯＫ」です。もともと商品の保証書というのは、買ったことを証明するもの。購入時にクレジットカードを使っていればそれで証明できますし、ネット通販も履歴から確認可能です。店頭で現金で買ったとしても、大手量販店などではポイントカードやポイントアプリを利用していれば購入履歴がつきますので、保証書を置いておく必要はないのです。

どうしても取っておきたいという場合は、保証書専用のクリアファイルを作り、まとめておきましょう。その際に、一つひとつの保証書（写真は保証書が取扱説明書と一緒になっているタイプ）に保証期限が切れる日、すなわち〝捨てる期限〟を書いておきます。あとで見返した時に捨てていいかどうかがすぐにわかって便利です。

続いては取扱説明書についてです。これは購入した家電の種類にもよるのではないでしょうか。例えば、子どもから老人まで、誰にでもわかりやすい作りのもの、ドライ

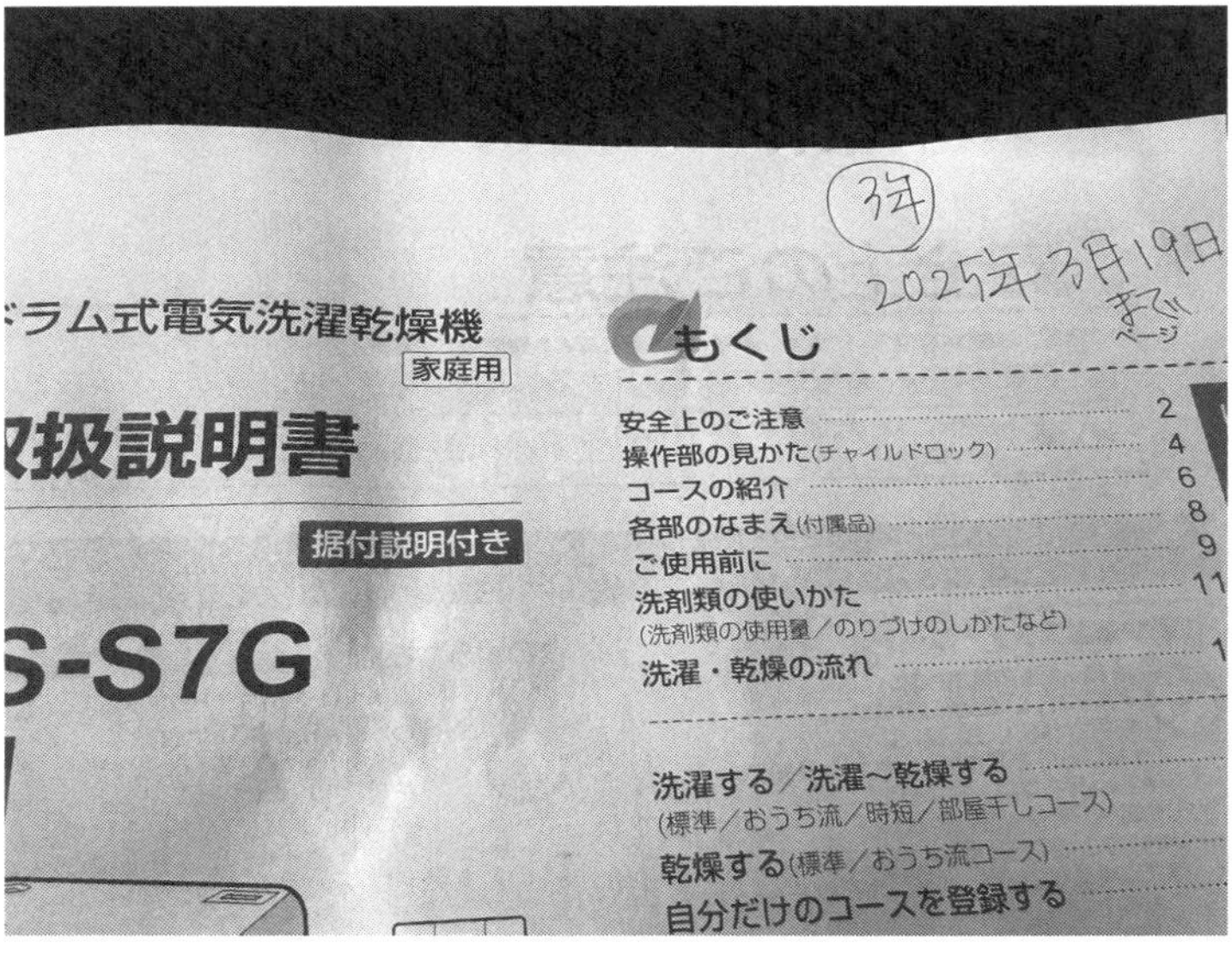

ヤーや自転車などの取扱説明書は、使うたびに開いて、「使い方」を熟読することはないので、一度読んだら処分してもいいと思います。

取扱説明書はQRコードでも管理できる

一方で、残しておいたほうがいいものもあります。我が家では、洗濯機とウォシュレットの取扱説明書は捨てずに取っておいてます。なぜなら水を大量に使う家電なうえ、不具合が起こると生活が一気に不便になるからです。特にマンションにお住まいの方は、洗濯機が水漏れを起こすと他のお部屋の方に迷惑をかける可能性もありますよね。万が一の場合に備えて、取扱説明書に書かれている情報は、いつでも見られるようにしておいたほうが安心です。

ただし、説明書という紙束にこだわる必要はありません。最近の家電は、ネット上でも見られることがほとんどです。私が考えたアイデアではありませんが、取扱説明書のＵＲＬを、ＱＲコード化している方がいました。そのＱＲコードを印刷し、家電自体に貼りつけておくのです。こうしておけば、何かトラブルがあった時に、スマホをかざすだけで取扱説明書を読むことができて、確かに便利なアイデアだなと思いました。

このように仕組み化さえしてしまえば、家電に不具合があって、しかも取扱説明書が見当たらずに慌てふためく時間をなくすことができます。

事前のリスク回避こそ最高の節約術

洗濯機の取扱説明書のように、あらかじめトラブルを想定してものや情報を整理しておくことは、日常生活の中で大きなリスク回避になります。そしてこのリスク回避こそ、ムダな時間や労力を減らし、さらには出費も減らしてくれる、最高の節約術となるのです。

部屋が片づいている人、そしてお金が貯まっている人は、このリスク回避のメリットをよく理解しています。何も難しいことではありません。「ものを置く場所」、「ものを探す時間」、「ものを買う必要性」を見直し、買ったものもムダなく、そして大切に使えるように簡単な仕組みを作っていくことの積み重ねが、快適な生活や人生をつくり上げます。少しずつでいいので、できることから始めていきましょう！

大量の処方薬、閉店セールの絆創膏

これまでお客様と一緒に捨ててきたものの中でトップレベルで多いのが、〝病院で処方された薬〟です。飲みきれなかった薬がどんどん溜まってきて、キッチンカウンターの上やダイニングテーブル周辺に山積みになっているお宅を何軒も見てきました。片づかない家の方が特に病弱ということはないはずなので、そもそも必要以上にもらいすぎていたり、余ったものを「今後も使えるかもしれないから」と期限を超えて取っておいたりしているということだと思います。

不要な薬はかさばりますし、医療制度や保険料の面でも、実は大きなロスにつながっています。使い残したお薬のことを「残薬」と言い、日本全体では1000億円以上の残薬が生じていると言われています。たとえ医療費がタダだったとしても、結果的に日本の医療費がどんどん上がっていけば、自分たちの首を絞めているようなものです。

病院では、〝なんとなく〟で多めに薬を処方してもらわないようにしましょう。医療のプロが症状を見極め、適切に出してくれる量を飲みきることを心がけましょう。

絆創膏のテープは、劣化するものです!

薬以外で、お客様の家で片づけたもので忘れられないのが、「ドラッグストアで大量買いした絆創膏」です。そのお客様は「絶対に使うものだから」と、薬局の閉店セールがあった時に大量購入したそうなのですが、状態を確認してみると、古くなって粘着力が落ちてしまっていました。使い物にならないので、結局捨てることに。支払ったお金も、数年間置いておいたスペース代も、残念ながらムダになってしまいました。

確かに絆創膏は常備していたいものではありますが、一年で何十枚、何百枚と使うわけではありません。医療品には使用期限があり、時間がたつにつれて効果がなくなったり、劣化したりします。「安いから」と、必要量を見極めずに買いすぎないように気をつけていただきたいと思います。

「バチが当たる」、「捨てにくい」神様グッズ

最後に、リビングに地味に溜まりやすく、捨てにくくて困る、お守りやお札などの〝縁起物グッズ〟の手放し方をご紹介します。サイズ自体はそれほど大きいものではありませんが、家に入ってきやすいのに、とにかく出ていきにくいものなので、どんどん溜まってしまいます。合格お守りや安産お守りなど、もうそのイベント自体は無事に終わったのに、置かれたまま時間だけがたっていくということも多いはず。

また私がかつて出会ったお客様で、人生に思うところがあって、精神世界についての学びを深めていた時期があり、「その時に買った水晶玉や天然石など、ストーン系のグッズをどうしたらいいのかわからない」と相談してくださったケースもありました。パワーストーン系のグッズも心理的に捨てづらいですし、そもそも何ゴミなのかもわかりにくく、困る方は少なくないと思います。

感謝の気持ちで一般のゴミに出す

これらのスピリチュアル系グッズの処分について、真面目な方ほど「神社に持っていってお焚き上げをしてもらわなければ」と考えがちですが、結果的に処分のハードルが上がって放置し、ホコリをかぶったままになっているなら、そのほうがよくありません。

お守りなど布や紙でできているものは可燃ゴミに出しましょう。きれいな紙に包んだり、ちょっとかわいらしい袋に入れて、「ありがとうございました」と言いながら捨てれば、罪悪感は少なくなるはずです。

パワーストーン系は、一度、お住まいの自治体に連絡して確認しましょう。石なのでたいていは不燃ゴミになると思いますが、金属と一緒に加工されているものなどは扱い方が変わってくることもあります。

どちらにせよ、感謝の気持ちを忘れずに手放すようにすればいいのです。こうして晴れやかにお別れすることで、持ち主に、また新たなパワーを与えてくれるかもしれません。

私がお片付けを手伝いをしたお客様で『いつも使う洗剤がドラッグストアでセールになっていたら必ず買う』って方がいたんですけど…
ブー…ッ
えっなぜ？
ドサー!!!
エリよごれ
キャー
あふれてる!! 在庫管理してます？
ちゃんと在庫管理はしましょう！
『安いものを買うのはいいこと』という貯まらない人思考あるあるです！
○○専用の洗剤を買いがちな人も要注意！汚れがたまる前にサッと掃除すれば洗剤いらずよ！
ピカピカ
はいっ

第5章

洗面所や浴室のものの量は健康に直結する

貯まらない家には大量の洗剤がある

洗面所、浴室、トイレなどは健康に直結してくる場所なので、いつでもきれいにしておきたいですよね。その一方で、素材やサイズの異なるものが散らばったり、ごちゃつきやすいスペースでもあります。

特に多いのが「大量にストックしてある洗剤」。ドラッグストアの特売や、ネットのセールなどで、やたらと洗剤をまとめ買いし、脱衣所にある戸棚や収納ボックスの中がパンパンになっていませんか？　最近は、洗剤自体の種類も増えているので、「いろんな種類の洗剤を持っているものの、結局使いこなせていない（ただ置いてあるだけ）」というお宅を多く見かけます。

「グッズはあるのに、なぜかきれいにならない&片づかない」と感じる方は、洗剤の持ち方から見直してみましょう。

掃除用の洗剤は2種類あれば問題なし

洗面所や浴室、トイレは家の中でも特に湿気がこもりやすい場所。そこにものを大量に置くのは、カビが発生する原因にもなり、衛生的にもおすすめできません。

世の中にはさまざまな「○○用洗剤」が売られていますが、個人的には掃除用の洗剤は2種類あれば充分だと思っています。ひとつは、水垢から油汚れまでマルチに使える中性洗剤。水垢が気になるお風呂場や洗面所の蛇口なども、さっとスプレーをかけて拭き取れば美しい状態に。もうひとつはカビ落とし専用洗剤。この2本があれば、生活の中の汚れは充分落とすことができます。

これらの洗剤はいつでも使えるように、脱衣所の目につくところに常備しておくといいですね。やはり、黒マジックペンで使い始めの日付を記入しておくといいでしょう。洗剤は日々使うものなので消耗が早いはずですが、書くことで自分の掃除の頻度もわかりますし、次に買う日の目安にもなります。

以前、「近所のドラッグストアで洗剤が底値の298円になっていると必ず買うようにしているんです」という方がいらっしゃいました。しかし使う頻度が追いつかず、収納は未使用の洗剤でパンパンになり、とても使いづらい状態でした。

このお客様は「安いものを買うのは、節約になっていいことである」という思考回路だったのだと思います。ものが安く買えるのは嬉しいことですが、お買い得だからとその都度買ってしまうのは〝貯まらない〟行動習慣です。数を把握できないほどものを持ってしまうと、古いものと新しいものの見分けがつかなくなったり、ものがものを隠す状態になったりします。

来客用の歯ブラシはあえて持たない

洗剤に次いで多いのが、歯ブラシのストックです。特にやっかいなのが、いつかの旅行で持ち帰った、アメニティの歯ブラシ。次の旅行や来客時に便利そう、と引き出しにどんどん溜まりがちなものですが、いつもらったかも覚えていないような古いものもあるのではないでしょうか？　そして、実際はそんなにたくさん必要でしょうか？

確かに、あれば便利な時もあるかもしれませんが、口に入れるものなので、自分はもちろん、お客様に古すぎるものを使っていただくのは、いい気持ちがしませんよね。あえて来客用の歯ブラシをストックしておかなくても、自分用のストックを一本差し上げればいいし、自宅にストックがなかったとしてもコンビニに行けばなんとかなります。買う時に感じる「もったいない」は一瞬。ずっと持ち続けるスペースこそ真にもったいないものです。

スペースに対してのコスト意識を持つこと、そして溜めない習慣。これこそが貯まる思考なのです。

タオルはお金をかけて一人につき3枚をそろえる

ご自宅のお風呂上がりに、どんなタオルを使っていますか？　タオルと一口に言っても、プレゼントなどでいただいたブランド物、急に必要になってコンビニで購入したもの、銀行でもらったロゴ入りの手ぬぐいなど、いろいろなものがありますね。大きさも、巨大なバスタオルから、ハンカチタオルまでさまざまです。洗面所には、これらのタオルが混在しているのが実情ではないでしょうか。

サイズや種類が混在しているということは、収納しにくいということでもあります。色や柄がごちゃごちゃしていると、見た目的にもスッキリしません。我が家では、「お風呂上がりの体を拭くタオルは一人につき3枚」と決めています。それもバスタオル、フェイスタオルなど大きさが違うものをそろえるのではなくて、バスタオルとフェイスタオルの中間ぐらいのサイズのものを、各人3枚ずつ持っています。

大判のバスタオルは必要なかった

かつては我が家でもバスタオルを使っていた時期がありましたが、布の面積が大きい分、洗濯をする際にかさばりますし、乾燥にも時間がかかります。特に梅雨時などのジメジメしている季節は、家族の人数分を部屋干しするのは本当に大変な作業でした。

そこで、思いきって使うのをやめ、大きめのフェイスタオルに変更。バスタオルより格段に速く乾きますし、お風呂上がりの水気を拭き取るのにも充分で、ストレスなく過ごせています。枚数は、洗濯の頻度を考えると、我が家では3枚が適量。せっかく数を絞ったので、肌ざわりがふわふわした、少しいいものを使っています。また消耗品でもあるので、一年に1回、家族みんなのタオルを新しいものに替えています。

ちなみに家族以外の方にも使っていただけるように、洗面所用には何枚かのミニタオルを用意しています。トイレには、タオルではなく、ペーパータオルを常備。使い終わったらゴミ箱に入れて捨てるだけなので、手入れもラクですし、衛生的です。

ウエスと歯ブラシは掃除で使いきる

「ウエス（雑巾）にしよう」と思って捨てずに残しているタオルやTシャツ、洗面台の下の「掃除に使う」古い歯ブラシ。これらが大量に溜まっているのも、片づいていない家あるあるです。ものを最後まで使いきることは環境を考えても本当に有意義なことですが、ただ単に溜めているだけの状態では、使いきれていないのと同じことです。

これらが溜まってしまう原因はふたつあります。ひとつは古タオルなどをウエスサイズにカットする手間が面倒だったり、時間がなかったりして先延ばしにしていること。もうひとつは、掃除の頻度と溜まっていく量のバランスが取れてないことです。つまり使いきれないほどの量を持っている、ということです。

ウエスに降格と決めたらその時に玄関を拭く、歯ブラシを交換したその時に洗面台の周りをさっと掃除する。これなら、たった3分で使いきれます。

そのひと手間が「溜まって」「貯まらない」原因かも

そもそも、掃除にどうしてもウエスや古歯ブラシを使う必要はありません。掃除専用の汚れ落ちのいいクロスや使いやすい形状の掃除用ブラシが、100円ショップで手に入る時代です。「掃除のために、新しく買うなんてもったいない！」と思ったら、トータルでかかるコストを比べてみてください。ウエスにする予定の布を一時保存するボックス、古歯ブラシを立てておく容器……これらのために100円ショップなどで収納用品を購入しているとしたら、どちらのほうが効率がいいでしょうか？

もちろん金額面のコストだけではなく、それらを溜めておく家の中のスペースや、布をカットする手間と時間それらも含めてのコストです。

今までの「節約」、「当たり前」、「こうすべき」という思い込みや習慣を変えていくことが、片づけ体質、お金持ち体質になる最初の一歩です。

買うべきコスメは

捨てやすいコスメ

洗面所にあるものの中で、特にごちゃっとしやすいのが化粧品類です。化粧水、乳液といったスキンケア系のアイテムから、ファンデーション、コンシーラー、アイカラーにリップといったコスメたち。あなたは、ご自身がどれくらいの化粧品をお持ちなのか、ぱっと答えられますか？　「一度使ってそれっきり」、「買った時はいいと思ったんだけど、肌の色に合わなかった」、「飽きてしまって使っていない」など中途半端なまま、洗面台や、コスメポーチの中に押し込んであるものも多いと思います。

さらに年頃のお子さんがいるお宅になると、そこに彼ら・彼女らの愛用品が混在し、加えて夫の身だしなみ用品も並べてあるなど、洗面所回りはカオスに。ごちゃごちゃした洗面台が視界へ入ってくるたびに、うんざりしている人も多いはずです。

コスメは、実は購入する段階から、捨てる時のことを意識するのが大切です。使っていないコスメの処分をなんとなく放置してしまう原因のひとつは、「ゴミの分別が面倒くさい」から。例えば、スプレーに入った整髪料は、中身を出しきってから処分しないといけませんし、ガラスの容器に入ったマニキュアも、中に少しだけ残っている液を布に吸わせ、さらにビンのゴミ回収日に出さないといけません（自治体によっても異なります）。

解決策としては、まずは捨てるのが面倒な容器のコスメを買わないのが一番です。プラスチックなど、捨てやすいパッケージに入ったものを選ぶようにしましょう。

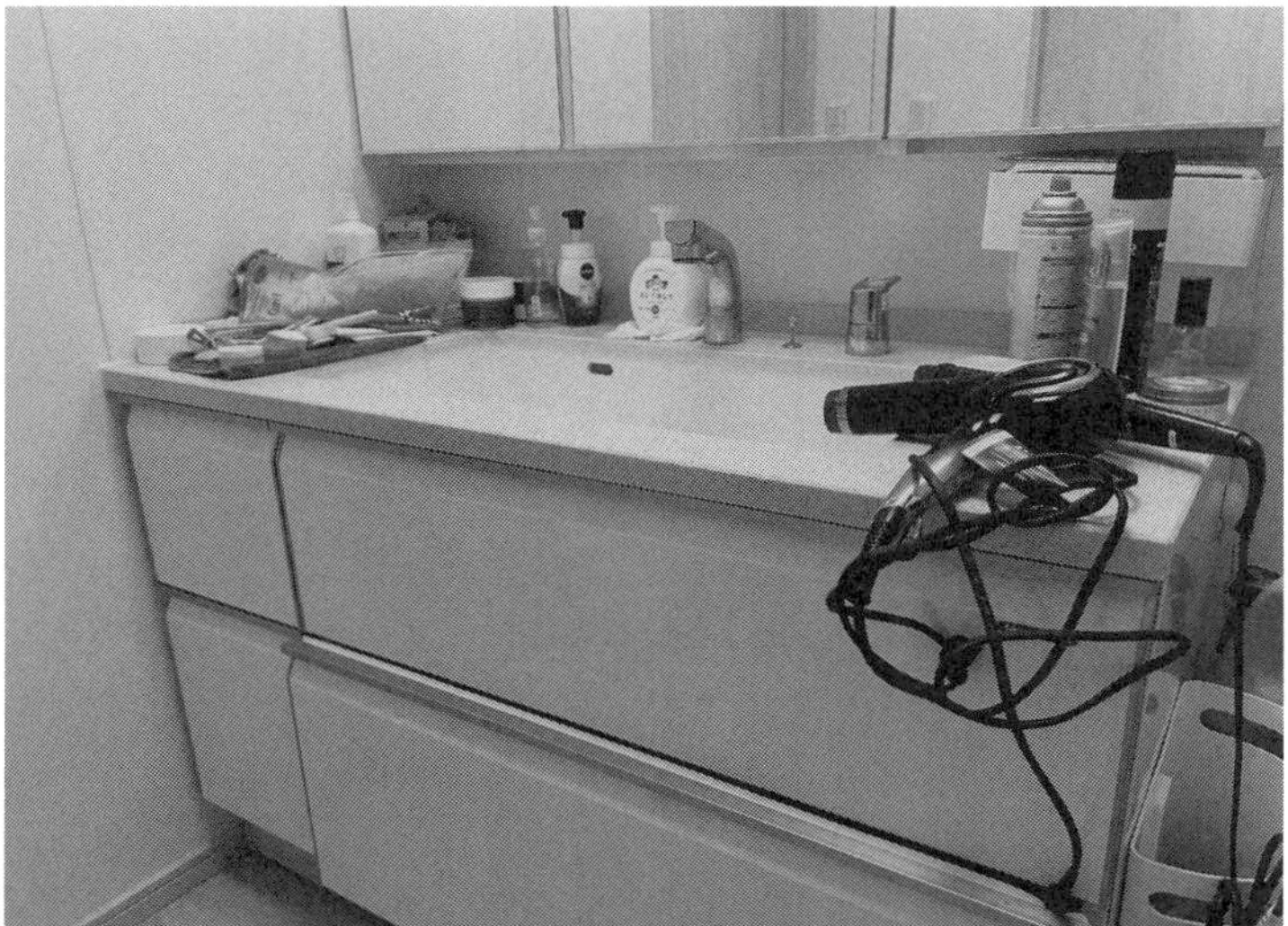

そのプチプラコスメ、3000円でも買いますか？

「○○専用」のコスメも、買う時にはよく吟味してください。パーマをかけたために使わなくなったストレートヘア用の整髪料など、用途が限定されているものが使いきれずに放置されている光景をたくさん見てきました。使いきるという達成感を得るためにも、お得な大きなサイズではなく、少し割高でも量の少ないものを選ぶといいかもしれません。

また近年よく見るのが、SNSの影響か、あふれかえったプチプラコスメ。安いので手軽にお試し気分で、ついつい何色も買いたくなる気持ちはわかります。でも、まったく同じものが3000円で売っていたら、あなたはそれを買うでしょうか？　自分に似合っていてきれいになれるものを買うのは「投資」ですが、単に買い物欲を満たすだけなら、それは「浪費」です。

半年使わなかったら「捨てる」と決める

コスメは「捨て時」にも悩みがちですよね。特にアイシャドウやチークなどのメイクアップ用品は、何年も使っているのに底が見えず、捨て時を見失いやすいものです。開封して半年以上使いきれなかったら処分するのを目安にしましょう。開封した瞬間から成分は劣化していきますし、肌につけるものですから、長い間放置したものを使い続けるのはよくありません。ご自身が「肌が弱い」という自覚があるのならば、もう少し短めに設定してもいいかもしれません。

美容家電も流行り廃りがあり、性能もどんどん進化しています。10年以上前に買った美顔器やヘアアイロンなどが、洗面所の奥に埋もれていないでしょうか。

1年以上使っていなければ、処分を考えてみてください。使わなくなったのには、操作の仕方が難しくて使いにくかった、思っていたより手に取ったら重かったなど、何かしらの理由があるはずです。もしくは、あなた自身のライフスタイルが変化して、美容家電を使っている余裕がない、という状況も考えられます。

高かったものは捨てるのがもったいないと思ってしまいがちですが、〝お役目終了〟と割り切りましょう。また使いたくなれば、よく検討し、再度買えばいいのですから。

試供品は旅先ではなく日常で使いきる

新しく化粧品を買った際にもらえる試供品。気がつけばそれなりの量となって、〝試供品を入れる専用ポーチ〟のようなものが、洗面所の戸棚の隅を陣取っていたりしませんか？試供品は1回ずつ使いきりのタイプが多いので、「旅行へ行った時に使うために取っておく」という方が多いのですが、実はこれ、ちょっと危険かもしれません。

というのも、旅行はただでさえ慣れない場所へ行くので、普段よりも肌のコンディションが敏感になりがちです。南国やリゾートだと、日にやけてしまっていることも。そんな時に今まで使ったことのないコスメを使うのは、肌荒れやかぶれの原因になってしまうかもしれません。写真もいっぱい撮りたい旅先でこんなことになってしまったら、残念です。なので私は、試供品は慣れない旅先ではなく、日常で使うことをすすめています。

具体的には、試供品は専用ポーチではなく、普段使いポーチに入れるのがポイント。そしてもっと理想的なことを言えば、もらったその日に使うのが望ましいです。

お風呂場のドアに試供品を貼りつけておく

自宅ですぐ使いきる〝仕組み作り〟としては、浴室や洗面所のドアや壁などに、あらかじめマスキングテープなどを使って、試供品を貼りつけておくことです。これならば確実に目に入るので、「早く使わなきゃ」となりますよね。

スポーツジムやヨガの教室に通っている方は、レッスンのあと、シャワーを浴びる際に使いきってしまうのもいいですね。レッスン用のバッグに試供品を入れておくようにすると、忘れずに使いきれるはずです。

本来、試供品とはおまけで無料でもらうもの。無料のものに収納や管理の手間をかけるのは、コストパフォーマンスがいいとは言えません。試しに使って、よかったら購入を検討してみる。そんな本来の正しい使い方をすれば、自然と片づいていきます。

去年の日やけ止めや虫よけグッズは〝即捨て〟

ますます暑くなる日本の夏。私が子どもだった頃から比べると、信じられないぐらいの気温が当たり前になっています。もはや外出時には、日やけ止めのクリームやスプレーは必須。普段使い用、海や山へ出かける時用など、用途によって、紫外線カットの機能を使い分けている方も多そうですね。

そんな日やけ止めの使いかけを、何年もダラダラと使い続けてしまっていませんか？通常の化粧品以上に、紫外線の吸収を防ぐさまざまな薬剤、防腐剤なども含まれていますので、「開封したらすぐに使いきる」を意識したいもの。試供品の例と同じですが、何年前に買ったかわからないものを顔に塗り、その結果、肌が荒れて病院へ行くことになったら、節約どころか必要のないお金が出ていくことになってしまいます。

夏にしか使わないカゴバッグや水着セットに紛れていることもあるので、シーズンの終わりや衣替えの時などによく確認する習慣をつけるといいでしょう。

「もったいない」を学びに変える

季節もので肌荒れリスクの可能性が高いものといえば、虫よけスプレーも同じです。海やキャンプ、登山などへ出かける時は必需品ですが、一シーズンに1本と考えておきたいもの。シーズンが終わったら、まだ中身が残っていても、潔く捨ててしまいましょう。繰り返しますが、肌を悪くするリスクがあるものを、わざわざつけることはありません。

余らせたものを捨てることに罪悪感を覚えたり、もったいないと感じたりするかもしれませんが、「じゃあ来年はこれよりも小さめのサイズを買おう」、「我が家にちょうどいいのは〇〇のスプレーかな」と次につながる学びがあれば、それで充分元は取れているはず。

こうして過剰に持っていたもの・本当に自分に必要なものを細かく探っていくことで、買い物の失敗が減り、結果的にムダ遣いも減っていき、お金が貯まっていくのです。

なんとなく…いつも ごちゃごちゃ しちゃってるん ですよね…
傘の量がすごい!! ビニール傘 何本 あるの?
さーて 靴箱の中は どんな感じ?
エッ
全部 はけるヤツ ですよ〜
パパーン
玄関の 片づけ ポイントその① 履けるけど履いて いない『専用』の靴を 処分すること!
たとえば『冠婚葬祭用』の 靴などはカビが生えて しまっている事もあるわよ
スポーツ用 登山用など…
ガーン
当たってる!!
整理しよう!!
パカッ

第6章

災害時に命運を分ける玄関収納

ビニール傘が5本ある家はお金が貯まらない

コンビニやドラッグストア、駅の売店などで気軽に買えるビニール傘。本当に便利な時代になりました。ところで、私がお客様の家で片づけをお手伝いしていて、気づいたことがあります。「部屋が散らかっているお宅ほど、玄関のビニール傘もやたらと多い」という事実です。3人家族なのに5本、10本というのは当たり前。中には一人暮らしで20本以上のビニール傘をお持ちの方もいらっしゃいました。

近頃は、スマホアプリの天気予報機能などが充実していますから、皆さん、夏場のゲリラ豪雨などの時期は、天気をこまめに調べ、雨が降りそうだと思ったら、あらかじめ傘を持ち歩くことができます。

「なんとなくビニール傘を買う」習慣は、その対極にある行為。チリツモのムダな消費をなくしたいなら、真っ先にやめたい習慣です。

玄関に使っていない傘をパンパンに溜めがちな人は、雨が降ったら外で適当に買えばいい、と思っています。しかし傘は、捨てる時に意外と面倒くさいもの。「燃えないゴミ」扱いの自治体が多いので、燃えるゴミや資源と違い、回収日自体が少ないです。買う時は手軽に買うことができても、捨てるのに時間や労力がかかるものは、極力持っている数を少なくしておいたほうがいいのです。

また見栄え的にも動線的にも、玄関に同じようなビニール傘が何本もあり、傘立てからあふれているような状況は、好ましくないですよね。

場合によってはタクシーに乗ったほうがコスパがいい

ビニール傘をムダに買わないための一番いい工夫は、折り畳み傘を持ち歩く習慣を持つこと。最近では日傘と兼用できるものも売られていますので、夏の熱中症対策も兼ねて、一本そろえておくのはいかがでしょうか。日常使いのバッグに入れておき、折り畳み傘を持ち歩くことを習慣化してしまえば、外出先で突然の雨に降られても、その都度、傘にお金を使うことはなくなります。

最寄り駅から自宅までの短い距離や、目的地があとワンメーターぐらいというところで激しい雨が降ってきた時、私は割り切ってタクシーに乗ることにしています。「タクシーに乗るなんてもったいない！」と思われるかもしれませんが、ビニール傘一本で６００～７００円しますから、近距離のタクシー代とそう変わりません。濡れた傘を持ち帰り、家で保管し、さらに捨てる手間を考えると、ささっとタクシーに乗ってしまったほうが、結果的には経済的にお得なことが多いのです。

また、「お気に入りの一本」を買うこともおすすめです。雨に降られる度にビニール傘を買い増していくと、10回で数千円～1万円の出費になりますよね。デパートで好みの色や柄の入った傘を一本買える金額です。

私の場合、デパートで自分の顔色がよく見える傘を購入したら、雨の日も「今日はあの傘が使える」と、気持ちが明るくなりました。選び抜いて買った一本なのでサビないようにと、使い終わったら水滴を拭き取り、晴れた日はよく乾かしています。置き忘れや盗難に遭わないようにと、気を配るようにもなりました。ファッションが好きな方は、傘に合わせて雨の日のコーディネートを考える楽しみも増えるかもしれませんね。

傘は住んでいる人と同じ数だけあればいい

もちろん、ビニール傘自体を否定しているわけではありません。以前に雪深い土地を訪ねたとき、クリア素材の大きい傘を使ったことがあるのですが、横殴りの雪の中でも視界が見通せて大変助かりました。大雨が多いところでも、色や柄が入ったものよりもビニール傘のほうが「前方が見やすくて、安心」という場合もあるでしょう。また皇室の方々も、メディアの前に出る時に雨が降っていると、お顔がよく見えるようにと、しっかりとしたクリア素材の傘を使っていらっしゃいますよね。

傘に罪はないのです。問題は、「安いから」と、場当たり的に買ってしまうと不要なものになりがち、ということです。

私は、傘のベストな本数は、その家に住んでいる方の人数分と思っています。一般的な４人家族ならば、４本あれば充分。プラス折り畳み傘を活用すれば問題なく暮らしは回ると思います。

たかが傘、されど傘。ちょっとした工夫で、小さな出費を減らしていくことができます。

「一応置いてあるだけの靴」が玄関を占領する

あなたの家の靴箱には、どんな靴が、何足ありますか？　家族の人数や年齢、ライフスタイルによってもまちまちだと思いますが、「靴箱に靴がしまいきれません」、「靴をたくさん置ける収納グッズを買い足したんですが、それでも収まりきれないので出しっぱなしにしています」というお悩み相談、本当によくいただきます。

玄関は靴を脱ぎ履きして出入りする場所ですが、災害時には避難経路となるスペース。いざとなった時に玄関が靴だらけだと、それだけで逃げるのに手間がかかったり、必要のない靴につまずいたりと、災害時の二次被害を引き起こす恐れが。また靴箱の中で満杯になった靴や、収納棚の上に積み重ねていた靴箱が、雪崩のように落ちてくる可能性だって考えられます。できる限り、靴箱内には余裕をつくり、さらに出しっぱなしの靴は一足でも減らしたほうがいいと思います。

登山靴などのスポーツシューズはレンタルする

それでは靴箱の中にある、必要な靴とそうでない靴を考え直してみましょう。わざわざ手元に置かなくていい靴の筆頭になるのが、登山靴などの〝専用の靴〟です。

もちろん、毎週末のように山に登ったり、トレイルランの大会に定期的に参加していたりするなど、ご自身のスケジュールに積極的に組み込まれている場合は別ですが、「友人に誘われて一度だけ登山した時に買った」、「子どもが小さい頃は家族で山登りをしたが、もう何年も使っていない」というパターンも結構多いものです。

テニス、ゴルフなどのスポーツ系シューズ、スキーやスノーボード専用のシューズも、同じような感覚で持っている方が多いのではないかと思います。

スポーツ系シューズの寿命は「5年」と考えてください。水や泥などに対応するためにゴムを多用していることが多く、時間と共に劣化していきます。どれだけていねいに保管したとしても、汚れを完全に落とすことは難しいですし、劣化も防げません。

こういった機能性の高い靴は、常に改良がされており、新しいものが次々と登場しています。いつ買ったのかもわからないシューズは、安全面や使いやすさなどから考えても、処分してしまったほうがいいでしょう。

「また山登りに行くことになった」、「久しぶりにテニスに誘われた」という機会があれば、その一回はレンタルサービスを利用すればいいのです。使い終わったら返却するので、かさばるシューズを置く場所も必要ありません。場所代や保管料の節約になります。

黒いパンプスは箱から取り出し、状態を確認!

冠婚葬祭用の黒いパンプスは、大人の女性であれば一足は持っているものです。「若い頃に、ブランド物の革製のいい靴を買った」という方もいらっしゃるかもしれませんね。ただ、何年も履かないまま、箱に入れて靴箱の一角に置きっぱなしにしてはいませんか?特に近年はコロナ禍で、お通夜やお葬式の機会が激減したので、気がつけば全然履いていなかった!ということはよくあります。

心当たりのある方は、一度靴箱から取り出して、明るいところでよく見てください。靴の表面にカビが生えていたりしていませんか?　もしくはヒール部分の接着面が弱くなり、かかとがグラグラしていませんか？

靴は人の足を危険から守ってくれるものなのに、歩いている途中で壊れてしまったら本末転倒ですよね。いざ履こうと思った時に使えない靴は、持っていても場所を取るだけです。ゴムと同じで革も経年劣化します。世の中のファッション自体もカジュアル化しているので、今の手持ちの服に合う靴なのかも、一度見直してみるといいでしょう。

新調する場合、わざわざ高価なものを買う必要はないと思います。むしろお手頃な価格で軽いものを選んでおきましょう。家からお葬式の会場に行って帰るまでずっと履いている必要はなく、袋に入れて持ち歩き、会場近くでその靴に履き替えたっていいのです。

靴は消耗品だからこそ、使わないもの、耐用年数を過ぎたもの、壊れているものなどは処分しやすいはず。また靴箱自体も大きくてかさばるので、捨てるとかなりスペースに余裕ができるはずです。空いた場所には、今使っているお気に入りの靴を、ていねいに置いてあげましょう。

防災グッズを買う前に知っておきたいこと

私は夫の仕事の都合で、海外で暮らしていた経験があります。その経験から、日本は世界の中でも特に安全や安心が守られていて、暮らしやすいなと感じています。

一方で、地震、水害などの自然災害が多いのも事実。自分の住んでいる場所が、いつ自然災害に見舞われるのか。誰にとっても他人事ではありません。万が一の時に備えて、防災グッズを備えている方も多いかと思います。私自身、お客様から「防災用に備えて、何を買っておくと便利ですか?」と尋ねられることがあります。食料、水、簡易トイレなど、確かに備蓄しておきたいものを考えだしたらキリがないですよね。

でも私は「まずは玄関を片づけましょう」とお伝えしています。靴の収納の項でもお話ししましたが、玄関はいざという時の脱出経路です。ここにものを置きっぱなしにするのは、逃げる時のハードルを自ら作り出しているようなもの。余計なものはないか、すぐに外に出られるように、極力、ものを置かないことが大切です。

ものが少ない家ほど復興が早い

数年前に、知人が、洪水被害があった地域の片づけボランティアへ行ったことがありました。ボランティアの内容は、浸水被害に遭ったお宅に伺い、畳の上に並べられた荷物を撤去することだったのですが、ものが多い家ほど、水浸しになってしまった家財道具をどかすのに時間がかかってしまい、その結果、予定よりも大幅に作業が遅れてしまったとのことでした。

逆に、ものが少ないお宅は撤去作業もすぐに終わるので、早いペースで自宅の修繕や建て直しが決まっていったとのこと。撤去に時間がかかったお宅は、ようやくリフォームの準備ができた時には、すでに片づいていた家のリフォームが進んでいるので、順番待ちでかなり時間がかかったそうです。

こういった経験談もあり、私は「災害に備えるには、買う前にまず減らしてください」とアドバイスするようにしています。クローゼットの中に眠ったままの着ていない服、ぎっしりとものが詰まったタンス、使っていないけどいつか使うかもと納戸に入れっぱなしにしているカーペットやカーテンなどが、自宅の〝復興〟を遅らせる原因になってしまったら……。とても残念ですよね。

リフォームを待たされるぐらいならまだマシなほうで、場合によっては多すぎる不要品が落ちてきたり出口をふさいだりすることで、人の命を奪う可能性だってあるのです。

防災グッズはリストを作ってから買い物をし、袋は玄関に置く

まずはものを減らし、そのうえで災害対策のために何が必要なのかを考えてみましょう。実は必要なグッズは、その家に住んでいる方の年齢や家族構成、ライフスタイルによってだいぶ変わってくるのです。若い人が多い世帯では必要ないものでも、高齢の方がいるお宅では備えておいたほうがいいものもありますし、もちろん、その逆もしかりです。

そこで私がおすすめしたいのは、むやみやたらに防災グッズを買う前に、「我が家が災害に遭った時に必要なもののリスト」を作ること。小さいお子さんがいる家庭ならば、お子

さんのためのグッズが必要ですし、ペットを飼っていれば、ペット用品を備蓄しておくことが必要になりますよね。

そうやって、自分たちの生活を細かく見つめて3日分、1週間分などとシミュレーションしながら、必要なもののリストを作ってみてください。

必要なものを詰めた防災袋は、玄関に置きましょう。クローゼットの奥に押し込んだままでは取り出すのに時間がかかってしまいますし、「どこへ置いたのか忘れてしまった」という可能性もあります。防災袋は、家族全員が、覚えやすい場所に備えるのがベスト。いざ災害に遭った時に「防災袋、あったよね?」、「え、どこ?」と探し回るようになってしまっては、自分たちの身を助けるものを、お金と時間をかけて作った意味がなくなってしまいますよね。

玄関スペースに防災袋を収納しておき、いざという時がきたら、袋を持ち出してさっと避難する。そのためにも、玄関の収納スペースにはある程度の余裕が必要ですし、出入り口が靴や小物でごちゃごちゃにならないようにしておきたいものです。

「段ボール4箱分」のレジ袋は要らない！

玄関近くの納戸や物置、庭の倉庫などに溜め込みやすいものについてもお話しします。ほんの数年前までは買い物の際にタダでもらえていた、スーパーやコンビニのレジ袋。2020年に有料化し、〝なんとなく貴重なもの〞に感じる人もいるかと思います。つまり捨てづらく、溜め込みがちになっているということです。

「これは子どもの保育園のオムツ袋用に取っておいているんです。絶対に使うものだからいいですよね？」と、お客様から段ボール4箱分のレジ袋を見せられて、ビックリしたことがあります。

もちろん、レジ袋を再利用するのは素晴らしい発想です。ただし、いくらオムツ袋に使い回したいとはいえ、段ボール4箱分も用意しておくのは、多すぎますよね。過剰なストックは、場所代にお金を払っているのと同じ。

収納するものが段ボールならば、まだいいのかもしれません。最近は「レジ袋を収納するためのグッズ」もたくさん売っていますよね。それらのグッズが悪いとは思いませんが、数多く持ちすぎると、これもまた、場所代を払うために、さらにお金を使っている……と、節約や貯金とは正反対の行動になってしまいます。

そもそもレジ袋は、買ったとしてもそれほど高いものではありません。必要なときに必要なだけレジ袋を買うコストと、溜め込んだものを保管するためのコスト。長い目で見てどちらを優先すべきかを考えていただきたいと思います。

真の「デッドスペース」とは死蔵品を生み出すスペース

スペースについて、もう少し一緒に考えてみましょう。あなたのお宅には「余白」と呼べるような、〝何もない空間〟はありますか？ クローゼットの中、玄関、リビング＆ダイニング、浴室……どこでも構いません。とにかくものが何も置いてない場所です。

「うちは玄関かな。靴や小物類が散らばっていなくてスッキリと片づいている」、「押し入れの天袋の中はスカスカだけど、ものを詰め込む予定はない」……などがイメージできた方、素晴らしいです。

逆に「クローゼットのすき間が10㎝空いている。何を収納しよう?」、「リビングの空間にまだ余裕があるから、キャビネットを買って小物を入れようかな」と、考えがちな人はちょっと危険。たとえ新たに収納できそうなスペースがあるとしても、そこはあえて空白のままにしてみてほしいのです。

部屋の余白は心の余白を生み出す

私は「部屋の余白は心の余白」と思っています。たくさんものを持っていても、そのものが別のものを隠してしまったり、使わないまま保存したりして、所持していることすら忘れてしまう。

余白があると「もったいないから」、「せっかくの自宅にデッドスペースを作りたくない」と収納を増やそうとする方が多いですが、こういった〝死蔵品〟を作り出すスペースこそが、まさに本当の意味でのデッドスペースになるのではないでしょうか。そんなデッドスペースを少しでも減らすことが、快適で、しかも貯まる家への近道です。

ちなみに私の自宅のリビングスペースも余白多めを心がけているので、「ちょっと体を動かしたいな」と思った時に、好きなところにヨガマットを敷き、のびのびとストレッチをすることが可能です。

また家全体でも、ものを床に直置きしないようにしているので、掃除に対する心のハードルが低いです。「よ〜し、今日も運動代わりにササッとやるか〜！」と、エクササイズ気分で楽しみながら家事をこなしていくこともできます。

本当の意味でのデッドスペースを減らすだけで、家事がラクになって自分の時間が増え、心身共に健やかになり、見た目もスッキリ。余白って本当にいいことずくめです。

「何かに使えそう」で結局邪魔になるもの

私はこれまでに千人以上ものお客様の家へお邪魔し、一緒に片づけをしてきました。その中で、多くのお客様が「これは使えそうだから」と取っておいたにもかかわらず、最終的には手放すことになったものの共通点が見えてきました。

「取っておいたけど結局要らなかった」ものの代表例は、次のようなものです。

・ジャムが入っていた空き瓶（何かを入れられそうと取っておきがち）
・空き箱（収納を整える時の、間仕切りとして使えると思ってしまう）
・フラワーアレンジメントなどについてきたカゴ（何かに転用できそう）
・紙袋、エコバッグ、ペットボトルケース（知らぬ間に増殖しがち）
・ボールペン、付箋、お菓子のおまけなど（趣味じゃないけど捨てるのはもったいない）

・ラッピング用品（いつか使うかもと思っているうちに、クシャクシャに）

思い当たる節はあるでしょうか？　コロナ禍を経た現在は、いろいろなタイプの消毒用アルコール、大量に買ったけど使い心地が悪くてほとんど使っていないマスク、外出時用のマスクケースも多いです。

マグカップやタンブラーも、最近多い「なんとなく取っておいているもの」。あるお宅のキッチンからは、10本近くのタンブラーが出てきたことが！　しかもそのうちの何本かは使い倒したのか穴が開いていて……。「もう外で持ち歩けないし、穴が開いていたら飲み物を入れられないですよね？」と、お客様と笑い合ってしまったことがあります。

これらの共通点は、「ものとしての価値はあるけれども、自分の中ではもう使わない・使う機会が来ない」ものです。しかも収納に場所を取ってしまうものばかり。

普通に生活をしているだけでも、ものは勝手に増えていき、時間の経過とともに劣化して使えなくなっていきます。だからこそ時には見直し、大胆に処分することが必要になるのです。

改めておさらいです
節約とは…
・安い物を買うのではなく本当に必要なものを買う
・予算は守る
片づかない家は
予算をオーバーしても
セールで買ってしまう
傾向があるので注意！
フムフム
わかりました!!
本日より家計簿を
しっかり書きます！
うおぉ
ガリガリ
必勝
待って待って
のってきてたのに～
!?
無理に
がんばり
すぎても
続かないので
そもそも家計簿を
つけない仕組みを作る
ことがオススメ！
ですよ！
辛くない方法で
電子マネーにして
使った額を
わかりやすくしたり
Suicaを複数
作っておこづかい用と
家計用で分けたり
するのもイイヨ！
Suica
Suica

第7章

貯まらない人の財布と家計簿

貯まらない人がしがちな家計の「勘違い」

さていよいよ、部屋の中のみならず、家計、お財布といった「お金」の整理整頓の仕方も学んでいきましょう。まずは節約の意識から見直してほしいのですが、節約とは、予算の中から本当に必要なものだけを吟味することです。

近年、節約に結びつけて特売やセールが盛んに行われていますが、安売りと節約はイコールではありません。片づけが苦手なお宅へお邪魔すると、節約することと、安いものを買うことを混同されている方が多いなと感じます。

いくら安くても、必要のないものを買っていたら、それは浪費になります。「お得や特売を活用しているはずなのに、なぜか家計に余裕がない」という人は、節約のつもりが、思わぬムダ遣いや予算オーバーにつながっているのかもしれません。

レシートを溜めてもお金は貯まらない

とあるお客様の家に伺った時のことです。「下村さん、これはどうしたらいいでしょうか？」と彼女が差し出してきたのは、大きな紙袋3つ分のレシートでした。「家計簿をつけようと思って溜めていたレシートなんですが、結局、家計簿自体は早々に挫折したもの の、レシートだけを集め続けてしまった」とのこと。

紙袋からレシートを取り出してみたら、「いつのお買い物？」というぐらいの古いレシートだらけでした。中には、印字が薄くなってプリントしてある値段が読めなくなってしまい、もはやただの紙ゴミと化しているものもたくさんありました。

結論から言うと、レシートを集めて家計簿をつけるだけでは、お金は貯まりません。貯まる家計とは、収入が支出を上回る家計。収入から支出を引いた金額が貯蓄となります。

つまり支出が減れば貯蓄が増えますが、すでに使ってしまったお金の記録であるレシートを集めてもお金は増えません。レシートを溜めることで「節約行動」をしているような気持ちになる分、むしろ逆効果かもしれません。

交通系ＩＣカードを目的別に使い分ける

キャッシュレス化が進んでいる今、家計管理におすすめなのはクレジットカードや電子マネーの活用です。利用履歴を見れば、今月いくら使っているか一目でわかります。

家計と自分の小遣い、家計と仕事のように、複数に分けて考えたい方にとっても、クレジットカードや電子マネーを使い分けるとシンプルで便利。例えば私はＳｕｉｃａを２枚持ち、仕事用と家計用とで使い分けています。

家計管理でもっとも大切なことは、食費にいくら使った、トイレットペーパーにいくら使った……という細かいことではなく、生活費としてどれくらいかかっているか、娯楽費としてどれくらい使っているのかなど、項目ごとの金額を知り、予算オーバーをしないことです。

毎月の予算10万円の家計の中で、ある月は生活費８万円・娯楽費２万円、次の月は生活費５万円・娯楽費５万円だったとしても、トータルで10万円に収まっていればＯＫ。細かく完璧にやろうとすればするほど家計簿をつけることが目的になってしまい、しんどくなって続きません。

予算を決めるために、最初だけは家計簿をつけることが必要になることもありますが、その時も古い買い物を遡らず、最近の買い物から始めることがコツです。

節約は苦行じゃない。ラクできる方法を仕組み化

節約や家計管理、貯金は〝苦行〟ではありません。家計簿やレシートにこだわる人は、ある意味、真面目で几帳面な人とも言えるでしょう。実はお金がなかなか貯められない、節約がうまくいかないという人の中には、こういった〝真面目すぎて、本来の目的を見失ってしまう〟という人も少なくありません。

節約や貯金は「収入」の中から「貯めるお金」と「使うお金（予算）」を分け、予算内に収め、手元に残るお金を増やしていく行為です。その目的を達成するために、自分にとってもっともシンプルなやり方を選び、仕組み化すればいいのです。

家計管理も片づけも、完璧を目指す必要はありません。「できるだけラクに、決めた枠をはみ出さなければいい」と思えば、気楽に向き合っていけそうな気がしませんか？

お金持ちの財布を想像してみる

突然ですが「お金持ちの財布」と聞いて、どんな財布を想像しますか？　ブランド物の長財布でしょうか。きっとていねいに使われていて、中身もスッキリしているイメージではないでしょうか。

お金持ちのお財布の中には、余計なものが入っていません。必要なものがすぐ取り出せて軽いのです。使っていないポイントカードや特典目当てで入会したクレジットカード、大量のクーポン、古いレシート、あふれんばかりの小銭でパンパンのお財布はお金持ちの財布から縁遠いものです。

まずはお金持ちの財布を真似してみましょう。といってもブランド財布を買うのではなく、財布のゆとりを真似するのです。クローゼット同様、「お金」に財布の中でゆったりくつろいでもらえるようファーストクラス、ビジネスクラスの考え方で整えていきます。

クレジットカードは普段持ち歩くのは1～2枚で充分なはずです。カードのポイントを貯めたいのであればライフスタイルに合っていて、効率的に貯められるカードに一本化するのもいいですね。レシートは確定申告等に必要ないものであれば、金額に間違いがないことを確認したら早めの処分を心がけてください。

ポイントカードが多すぎるというのも、「貯まらないお財布」の代表格。お金を使えば使うほど増えていくポイントカードは出費の象徴です。あまり行かないお店のものは潔く処分。そしてスマホのアプリに対応しているものは移行し、「貯まるお財布」に変えていきましょう。

大量のクーポンは「いつ使うか」を決めましょう。そして「クーポンがあるからそのお店に行く」、つまりクーポンがなかったら買うはずではなかったものを買い、使わなかったお金を使うことになるというリスクも覚えておいてください。

ファーストクラス、ビジネスクラスのお財布になるとむやみにレシートやポイントカードを突っ込みたくなくなります。そう、出費が減ってお金が貯まるお財布になるのです。

ポイントカードを見直したら月2万円の節約に

買い物をする際に、値段に応じてポイントがつく、お店のポイントカード。「ポイ活」なる言葉も生まれて、節約生活の象徴的な存在になっています。でも、このポイントカードを持ちすぎていたり、生活の目的が「ポイ活」になってしまうと、本末転倒状態に。かえって、家計を圧迫する原因にもなりかねません。

というのも、「今日はポイント5倍! どうせ買うなら今買わないと損」と、点数が稼げる日にドカ買いを繰り返してしまうと、余計なものまで買ってしまったり、あらかじめ立てていた予算をオーバーしたりして、かえって家計管理がしづらくなるからです。また、私自身がかつてやっていた失敗ですが、ポイントカード用のカードケースをわざわざ買って持ち歩いていました。お得なはずのポイントカードによって、出費が増えてしまっていたのです。この習慣を見直したところ、毎月7万円以上かかっていた食費&日用品の支出が5万円以下になり、2万円もの節約になりました。

確かにポイントカードを持っていれば、割引を受けたり、ポイントを貯めて特典を利用したりできます。でも、それが必ずしも節約になっているのかというと、どうでしょうか。1万円分ポイントが貯まったとして、その分貯蓄につながっているでしょうか？

私はそうは思いません。ポイントという目先の「お得」を手放したほうが、長い目で見れば支出を減らすことができると感じています。ポイントカードを作るのは、本当によく使う店舗に限定することをおすすめします。


私の家の近所には、よく使うメインのスーパーと、たまに特定のものを買うために利用するスーパーがあります。私がポイントカードを作っているのは、メインのスーパーだけ。ちなみに後者のスーパーは、会員になってポイントカードを作ると、買い物をするたびに割引になるシステムです。

一見、ポイントカードを持つほうがお得に思えますが、利用頻度と、管理する手間を鑑みて、結局作っていません。割引目当てに余計なものを買いたくなる誘惑を防ぐこともできるので、このままでいいと思っています。

貯金は先取り、クレジットカードは1枚に絞る

家計管理についていろいろとご紹介してきましたが、お金を貯める極意は、なんといっても「月の予算を決める」ことと、「先取り貯金」です。この先取り貯金という言葉、祖父母や親世代の人から〝人生の先輩の知恵〟として言われたこともあるのではないでしょうか。給与から決まった額が天引きされて貯まっていく「財形貯蓄」も、この先取り貯金の一種です。

貯蓄の最短にして最強の方法はまさにコレに尽きます。「毎月、〇万円は貯金用に取り分ける」！　そして余った金額内で生活をしていけばいいのです。

これは手取り月収が50万円の人でも、20万円の人でも、同じことです。たくさん稼いでいるからといって、その月に余った分を貯めようとしても、なかなかお金は貯まりません。

一方で、たとえ月2万円でも先取り貯金を続けていれば、1年後には確実に24万円が手元

に残ります。

この、決まった枠内で予算管理をするツールのひとつとして、クレジットカードは非常に便利です。いつ、何に、いくら使ったのかが可視化できるので、ムダ遣いの抑止力になります。

ただしここで大事になってくるのは、クレジットカードを「できれば1枚」にすること。最近では入会時の特典などに惑わされてクレジットカードを複数お持ちの方も多いですが、カードの枚数が多くなるほど引き落とし日がまちまちになり、家計管理が混乱する原因に。また複数枚持っていると紛失に気づきにくかったり、最近増えつつある少額の不正使用を見落としやすかったりするリスクがあります。

またクレジットカードを作るということは、顧客データを知られるということ。カード会社は、嗜好に合ったキャンペーン情報を送ってきては、あなたに次々と買い物をさせようとします。ムダ遣いを防ぐには、「まず情報の入り口を減らす」ことも大事です。

私もメイン、万が一のサブ、仕事用と3枚持っていますが、常用しているのは1枚で、それで飛行機のマイルを貯めています。出費も、特典も「限りなくシンプル」にするほど、ムダなお金を使わずに済みます。

「買いたい」欲求に冷静になるために

テレビのショッピングチャンネル、雑誌、そして最近ではSNS上で、便利そうな新商品や素敵な洋服がたくさん紹介されています。特に写真や動画を中心としたSNSでの商品紹介の発達は目覚ましく、すき間時間にぼーっと眺めているだけで、「この収納グッズ便利そう」、「次のシーズンに使えそうな洋服を見つけた！」と、魅力的なものを次々と見つけてしまいます。

Amazonのセール、楽天市場のお買い物マラソンなど、ネットショップのセールも、SNSではお祭りのように盛り上がっています。誰かの「これ買いました！」、「買い回りにこれがおすすめ」などの投稿を見ると、購買意欲をそそられるものです。

また購入履歴が分析される時代ですから、あなたの過去に買ったものに合わせて、LINEやメールなどで新製品のDMが送られてくる機会も多いでしょう。

このように、世の中はあなたの「買いたい！」という気持ちを刺激する仕掛けにあふれています。もちろん買い物＝悪というわけではなく、「予算に余裕があり、なおかつ欲しいと思ったら買ってもOK」です。

ただし買う前にひとつ決めておくこと。それは買ってみて、合わないな、使わないなと感じたら、迷わずに処分すると決めておくことです。

私自身の話をすると、最近、ネットの口コミで評判が高かったカトラリー入れを購入してみました。お箸やフォークが斜めに入れられて、スペースの節約になる、というもの。しかし結論から言うと、我が家では使いこなすことができず、逆にカトラリーがぐちゃぐちゃになってしまい、すぐに手放す結果になってしまいました。

どんなに優れた製品でも、万人に合うわけではありません。買った人の暮らし方次第では、こういう例もあるんですよね。片づけのプロである私も、こうやって、ちょこちょこと話題の品を買い、試行錯誤を繰り返しています。

買う時には、処分する時のことも見据えて、それでも欲しいものを買う。この習慣をつけておくと、物欲に対して、少し冷静になれるかもしれません。

あぶな…ゲーム機ふみそうだった!!

こんな所に置きっぱなしにしないの!!

コラー!

ママだってマンガを床においてるし!

じー
むぐぐ
よく見ていらっしゃる…

リビングダイニングは『スターバックス』とイメージしてみて!

うちがスタバとイメージ?

スタバから帰るときに荷物を持って帰るのと同じ✧家でも私物を自室などへ戻しましょう✧

第8章

家族のもの、実家のものを片づける方法

実家の片づけはまず「自分の私物」を捨てる！

片づけのお仕事を長く続けていると、〝実家の片づけ〟にまつわる相談を多くもらうようになりました。「実は、実家も散らかっているんです」、「うちの親も、いろんなものを持っていて……。どうしたらいいでしょうか」。

自分自身が年齢を重ねていくとともに、実家の親の所有物の多さも気になってくるのは当然です。防災面でも、年老いた両親が住む家にものが多いのは心配ですよね。

そこで私がお伝えしているのは、「ご自身の私物を実家に残していませんか?」、「あなたが実家に置いてきたものから、処分を始めてください」ということです。

学生時代のアルバム、着ていない服、読み終わった本、雑貨などを実家に預けっぱなし、という人は意外と多いものです。「捨てられないものはとりあえず実家に」という方もいらっしゃるはず。でも実家は、あなたの物置ではありません。

「実家が片づかない」、「親のものが多い」とぼやく方は、その人自身も実家に私物を置きっぱなしにしている場合が多いです。自分のことを棚に上げて、親御さんの片づけにあれこれと口出しをしたら……。親御さんとしてもいい気分にはなりませんよね。

これからますます取りざたされるであろう、実家の片づけ問題。まずはあなた自身のものを率先して片づけることから始めましょう！

家族が片づけなくてイライラするなら、部屋の使い方を再考する

これは自宅で、「子どもや夫がものを片づけてくれない」という悩みでも同じです。ダイニングテーブルの椅子に放置したままの夫の部屋着、リビングに置きっぱなしになっている子どもたちのおもちゃや雑貨、学用品……。共用スペース内での「家族の放置品」はイライラの原因になることが多いです。

昨今の家では、あえてリビングを広くつくり、子どもが個室ではなくリビングで勉強することを想定した間取りが増えています。その結果、子どもの私物が共有スペースであるリビングに混在している例も少なくありません。

また、子ども部屋や夫の書斎はあるのに妻の部屋がなく、結果的にリビングダイニングが妻用のスペースとなっているケースが多いです。ですからせっかく自分好みのスペースにしようと片づけているのに、家族が洋服や本、ゲームなどをポイポイ置いていくと、「自分の部屋に片づけてよ!」とイライラするのは当然のことです。

物理的に一部屋増やすことは難しいですが、寝室やリビングの一角でいいので〝あなただけのプライベートスペース〟を作ってみてはいかがでしょうか? そしてダイニングなどに置きっぱなしになっていた自分のバッグ、趣味のもの、書類などの定位置を作り、リビングダイニングには自分自身も私物を置かないようにします。そうすれば「ママだって置きっぱなしじゃないか」と家族に指摘されることもありません。

「でもダイニングテーブルに置いたほうが便利なんです……」という声が聞こえてきそうですが、家族も「置きっぱなしのほうが便利」と感じているから今の状態なのです。

リビングダイニングの今の状態を変えるには、家族みんなで意識を変えていく必要があります。それが「スターバックス作戦」です。

リビングはスターバックスみたいなもの

いろんな人たちが集まるスターバックス。店内では飲み物や食べ物を片手に、仕事をしている人もいれば、宿題をしている人もいますし、純粋にお店の空間やおしゃべりを楽しんでいる方もいますよね。そして大事なことは、お店から帰る時に、テーブルに広げていた私物をそのままにして帰る人はいないということです。

うんとくつろいでいいし、作業をしたい場合は、それぞれの私物を広げても構わないけれども、やるべきことが終わったら、それぞれのものは、個室や、あらかじめ決めてある置き場所へ戻す。このイメージを家族全員で共有するのです。

片づけは、他人に強制することはできません。家族であっても、むしろ家族であるからこそ、思いどおりに動いてもらうのは難しいものです。片づけ成功の最大のコツは、片づけたいあなた自身が、まず笑顔で楽しく行うこと。実家も自宅も、あなたがほがらかに整理・収納すれば、周りの態度も変わってきます。

スーツケースはレンタルがいい

旅行へ行く時はもちろん、出張や帰省の際に荷物を入れて持ち運ぶものといえばスーツケース。かさばるものなので、家族の人数分をそろえておくとなると、かなりの場所を取ります。「スーツケースを置くだけで、ウォークインクローゼットの中が狭くなっている」という方もいらっしゃるかもしれませんね。

スーツケースの中に洋服や雑貨を詰めて「収納ケース代わりにしています」との声も時々聞きますが、本来は移動の際に持ち歩くものなので、収納用としては使い勝手がいいはずもなく、結局、死蔵品を入れるデッドスペースとなっている例も。

まず旅行や帰省などにはスーツケースを使うものだという思い込みを疑ってみましょう。車で移動するのであればボストンバッグや大きめのトートバッグでもいいですよね。使わない時はコンパクトに収納できます。

また実家への帰省であれば、普段使っている引き出し式の衣装ケースを活用する方法もあります。これは滞在中も衣類や小物の整理がしやすいというメリットもあります。自宅に戻ったらいつもの収納グッズとして使うだけ。

家族が留学や出張で海外に長期滞在するという場合も「荷物が多くなるからスーツケースを買い足さなくちゃ」と慌てないでください。タクシーや送迎サービスを使えるのであれば、段ボール箱などに荷物を入れて飛行機に預け入れればいいのです。

大きいスーツケースはそれだけで重量がありますので、段ボール箱に替えるだけで多くの荷物を持っていくことができ、重量オーバーの追加料金を支払う心配もありません。

大きなスーツケースの出番は年に1～2回あるかないか、という方はレンタルがおすすめです。保管するスペースの節約だけでなく、レンタルであれば、都度ちょうどいいサイズで、メンテナンスされた軽量の新しいモデルのものが使えますし、さらに旅行後は返却するためにすぐ片づけるというメリットもあります。

トランクルームの上手な活用法

「スペースに余裕がある暮らし」を体感する方法として、いきなりものを捨てまくるのではなく、いったんトランクルームに預けてみるという方法もあります。

トランクルームに預け入れるのにおすすめなのは、スキーやスノボの板やウエア、ゴルフバッグ、キャンプ用品などのアウトドアグッズ、また扇風機やストーブ、季節外の布団、クリスマスツリーなど、使う時期やタイミングが限られているものです。

最近では自宅の玄関先まで集荷、配送してくれる宅配型のトランクルームも人気です。プラン内に配送料金も含まれているのでわが家はエアトランク（ａｉｒ－ｔｒｕｎｋ．ｎｅｔ）というサービスを活用して、収納スペースの不足を補っています。

それまではクローゼットの奥から一手間かけて取り出していた雛人形も、スマホで入力するだけで玄関まで配送してくれますし、しまう時も玄関まで取りに来てくれるので、めんどうが減りました。

思い出の詰まったアルバムも、自宅の収納に押し込むよりもトランクルームに預けたほうが、温度や湿度がしっかり管理されているので安心です。預け入れたものがスマホで一覧で確認できますので、「何が入っているのかわからない」ということもありません。

トランクルームに預け入れることとは、ものと物理的な距離を取ることでもあります。「絶対必要！」と思っていても、いったん家の外に出すことで「なくてもいいかも」と感じるようになるものも出てくると思います。

トランクルームを活用すると、ものが少ない暮らしの快適さ、つまり片づけた後の暮らしを家族全員で体感できますので、「がんばって片づけよう」と、片づけのモチベーションも上がるはずです。

これを読んで、「お金をかけてまでものを預けたくない」と感じたならば、ぜひその感覚を自宅の空間にも向けてみてください。「これは、場所代を払ってまで持っていたいものなのか」と。

ものを所有することのコスト意識を高めることで、あなたの片づけは加速します。

「大切な」思い出。本当に大切にできている？

学校行事やお稽古事などで子どもが作ってきた〝作品〟や、家族のアルバム。ご自身が旅先で購入した絵や雑貨などのお土産。これらは大切な思い出にまつわるものですが、どれも最初は1個や2個でも、時間を重ねていく間に膨大な量になっていきます。

お子さんの作品は〝リビングやダイニング壁に貼る〟という見せる収納方法もありますが、それでも飾る量が増えていくと、壁の表面がごちゃごちゃして、まるで魚のウロコのように。せっかくの制作物もウロコのひとつと化してしまい、何がなんだかわからない〝ウロコアート〟と化しているお宅を何軒も見てきました。ホコリも溜まっていき、掃除に手間がかかるようになっていきます。お子さんのものだけではなく、お土産を壁や棚に飾る場合も同じことが言えます。

こうなるとせっかくの大切な思い出も、置いているのか置きっぱなしなのかわからなくなり、ただ散らかっているだけになってしまいます。

「全部大事で捨てられない」という時は、思い出コーナーや思い出ボックスなどの枠を作り、残したい順番に入れていきましょう。そうすることで残したい理由や思いが自分の中で明確になり、「これがあるならこれは要らない」という手放す理由も見えてきます。

まずは旅先で買ったお土産から始めてみると気がラクです。洋服、食器、お手紙、写真……「思い出」は家じゅうにたくさんありますが、自分が死んだあとに家族に見られても恥ずかしくないか？というのもひとつの基準になります。写真であれば、太って見える写真やすでに誰かも覚えていない人が写っているような写真も処分できますね。

お子さんの思い出の品は、処分することに心のハードルが上がるかもしれません。でも〝ものと思いは別物〟です。おすすめは、お子さんに作品を持ってもらい、工夫したことなどを話してもらう姿を動画に残す方法。あとで見返した時、より満足感が得られると思います。

メルカリとのつき合い方

不要になったものをそのまま捨ててしまうのはしのびない、そんな時に、個人売買サービスの「メルカリ」を頭に浮かべる人も多いのではないでしょうか。

自分の不要品が誰かの役に立ち、お小遣いも増える、そしてリユースという環境面からも、いいことずくめのような気がします。

しかし実はメルカリをやっているからこその〝片づかない〟悩みもあるのです。

出品するつもりだけど面倒くさいし時間がなくて放置されているもの、出品後売れるのを待ち続けているものに加え、商品を梱包するための箱や袋、緩衝材という資材の大量ストックまでもが部屋の一角を占拠し続けていて、「片づけたはずなのに片づいていない」状態が続いているお客様も少なくありません。

こういったサービスと上手に付き合うにはどうすればいいのでしょうか？　それは「儲

けたい」、「片づけたい」、「ものをムダにしたくない」……これらの優先順位をしっかりつけることです。

今この本を手に取ってくださっているあなたは、片づけがしたいはずです。だとしたら、優先順位は「家の中のものを減らす」、「ものを手放す」ですよね。そのためにはどうすればそれが叶うのか考えてみましょう。

メルカリに出せば高値がつくかもしれないブランド食器、洋服、バッグなどはリサイクルショップに持っていきましょう。もちろん、金額ではなく「引き取ってくださってありがとうございます」という気持ちでお渡ししましょう。

またメルカリは値下げ交渉などのやりとりや発送のスピード、梱包のていねいさも売り手に求められますので、あなたの手間、メルカリ関連のものが占拠するスペース、これらを考えると「片づけたいあなた」にふさわしいサービスとは思えません。

家の中の片づけがしっかり終わったあと、「これは使わないかもしれないな」というものが出てきた時こそ、メルカリの出番かもしれません。その時はメルカリ用のスペースを家の中に確保したうえで、存分に楽しんでくださいね。

まだ着られる洋服を捨てることへの罪悪感

日常の中で、特に捨てづらいと感じるもののひとつが、まだ着られる衣類です。

災害大国日本では、悲しいことに各地で大きな災害が起こっています。そんな時、「被災された方のお役に立てれば」と不要になった衣類の寄付が集まります。その考え方と行動自体は素晴らしいとも思いますが、実際には古着の寄付は断る自治体も多く、残念ながら余計な手間を生む結果になってしまいます。

また、親戚からの大量の子ども服のお下がりに悩まれているお客様もいらっしゃいます。「要らなければ捨てていいから」と渡されたとしても、いただいたものを捨てるのは心が痛むもの。使えるものを捨てる罪悪感は自分も相手も、誰も味わいたくないのです。

世の中には、本当に必要な人に確実にお役に立てる、またスピーディに気分よくものを手放すことができるサービスがあります。一覧にまとめてみましたので、ぜひ参考になさってください。

古着deワクチン

不要な衣類やバッグ、靴、服飾雑貨を送ると、「認定NPO法人 世界の子どもにワクチンを 日本委員会」を通じて、世界中の子どもたちにワクチンを届けることができます。

▶ https://furugidevaccine.etsl.jp/

ありがとうブック

読み終わった古本、古書、CD、DVD、ゲーム等を合わせて30点以上を送ると、その買取金額を、指定したNPO・NGO団体に寄付してくれるサービスです。

▶ https://www.39book.jp/

ワールドギフト

衣類、おもちゃ、ぬいぐるみ、キッチン用品、ランドセル・バッグ類、文房具、タオル、食器など、不要品を送ると、世界中で再利用し、支援活動に役立ててくれます。

▶ https://world--gift.com/

片付けで給食を届けよう 台所ボックス

専用段ボール箱（有料）に台所用品を入れて送ると、ルワンダ・ウガンダ・タンザニア・ケニア・フィリピンの５か国の子どもたちに栄養価の高い学校給食を届けてくれます。

▶ https://www.shop.mainichigahakken.net/shop/g/g5053210/

国際協力NGOジョイセフ

ランドセル、新品未使用の学用品、書き損じはがき、コインや紙幣、商品券やクーポン券、貴金属などを送ると、途上国の女性や子どもたちへのサポートにつながります。

▶ https://www.joicfp.or.jp/jpn/donate/support/

リネットジャパン

処分に困っているパソコンや小型家電を、自宅から宅配便で回収してくれます。有料でデータ消去サービスあり。環境省認定、自治体とも連携しています。

▶ https://www.renet.jp/

私って今までどんだけ貯まらない片づかない行いをしてきたかに気づきました～
ショック大ー!!!
私も昔から下村先生みたいに考えられる人だったらな～
それが…私も元々は片づけにコンプレックスがあったの
小学校の頃
パッと見はキレイな机なんだけど…
机の中が!?
女の子って片づけができるイメージだったから自分は不器用だな…って思ってたし…
ぐちゃ～
部屋がキレイ～
ムダなものがない
結婚してからはママ友からよく見られたい見栄の片づけ
納戸につっ込んで片づけしただけ…
他人の目だけを気にしてその場しのぎの片づけだった人生で…
元々…片づけは苦手派
一念発起して片づけの勉強をして資格を取ったんです
学んでみてわかったんですよ
自分や家族が過ごしやすい家であることを心がけてみて
自然に貯まるし片づいてきますよ!
私もがんばります!!

第9章

片づけとお金のプロの暮らし方

私が片づけの資格を取った理由

片づけのプロとして活動している私ですが、生まれつききれい好きで片づけ上手だったわけではありません。この章では私が片づけの資格を取るまでの経歴もご紹介しながら、今、どうやって快適に暮らしているかをお伝えしていきたいと思います。

子どもの頃から少女時代にかけての私は、言うなれば〝見栄っ張りの片づけ好き〟。学校では、持ち物の整理整頓などはきちんとしている風に見せつつも、ランドセルの中のプリントはぐっちゃぐちゃ（笑）。「片づけができないとお嫁に行けない」、「女らしくない」と言われがちな時代に育ったことも関係しているのか、机の上、ロッカーなど、人から見える部分だけはきれいに整えていました。

大人になり、結婚してからもこの〝見栄っ張り片づけ好き〟の生活は続きます。子どもが生まれ、ママ友を家へお招きするようになったのですが、散らかった部屋にママ友を呼ぶのは申し訳ないし、自分でも気が引ける。リビング、水回りなどは収納グッズを駆使して見栄えよくきれいにしつつ、雑多なものは使っていない部屋に押し込んでいました。

その後も生活に必要なグッズは細かく仕分ける、ラベリングするなどをして、きれいな部屋をキープしていたのですが、一方で夫や娘が思うように片づけてくれなくて、すぐ部屋を散らかしてしまうことにイライラが募る日々。でも、ふと気づいたのです。自分たちの家なのに、全員が快適な状態とは言えないな、と。

そこで、本格的に片づけの勉強を始めました。そして学んだのが、「片づけられない人の目線に合わせた仕組みを作る」発想です。例えばものを隠して細かく仕切る収納が苦手な夫には、彼専用のざっくりしまえる「箱」を作りました。すると探し物が減り、部屋中にものが散らばることもなくなったんです。

今振り返ると私自身、「片づけられないのはダメ人間」という強迫観念にかられ、使いやすさよりも見栄えを気にした片づけに必死になっていたと思います。

各自が自分の持ち物を大事にし、片づけやすい環境をつくる。このシンプルな方法に気づいてからは、自宅が家族全員にとって居心地のよい場所へと変わっていきました。

あえて持っているもの・持たないもの

自宅は収納スペースが少ないこともあり、ものは少なめです。それでも、あえて数多く持っているものがいくつかあります。

まずはハサミ。玄関、廊下、洗面所、リビング、ダイニング、個室とあらゆるところに常備しています。それぞれのスペースでものを開封したい時に、ハサミがあればその場で開け、その場で確認し、不要なものが出ればすぐに処分できるからです。

スマートフォンの充電器も各部屋に置いてあります。「どこにいったっけ〜?」と探す手間を考えたら、あらかじめ置いておき、その場で充電したほうがストレスフリー。賞味期限や提出期限、使い始めの日を書き込める黒いマジックペンも、家の中のどこでも使えるように置いてあります。

この3つは、複数を備えて部屋にセットしておくと暮らしがスムーズになります。

逆に「持たない」と決めているものもたくさんあります。
まず、ふるさと納税の返礼品はものではなく〝体験〟を選択。お米やお肉などの食品も悪くありませんが、一度にたくさん届いてしまうと収納からあふれてしまう可能性大。お客様の中でも「返礼品のお米をしまう場所がない！」と困っている方は結構いらっしゃいます。

それだったらと、昨年度はパラグライダーの体験チケットを選びました。これならば私が大好きな旅行とセットにして楽しめますし、大切な記憶として、心の中に残り続けると思ったからです。

着る場所や季節を限定する服も買いません。以前、冬の台湾へ出かけたことがありました。日本の真冬ほど寒くはありませんが、上着がないと少し心細くなるぐらいの陽気。しかしこの旅行のためだけに慌てて薄手のコートを買っても、あとで着る機会は少ないと判断し、手持ちの冬用ダウンを持っていき、こまめに脱ぎ着しました。

仲間内のパーティなどで、白やピンクといったドレスコードが設定される時も、そのためだけに新しく買うことはせず、スカーフなどの小物を駆使して乗りきっています。少し発想を変えるだけで、買わなくて済むものはたくさんあると思います。

ボトムスはパンツ3枚、スカート2枚

私の手持ちの服の数はとても少なく、しかもいたってシンプル。ボトムスに限ってお話しすると、パンツは3枚、スカートは2枚しか持っていません。一シーズンではなく、一年分のボトムスが、これだけなんです。

もちろん、いきなりこの枚数に絞り込めたわけではありません。今から3～4年前、クローゼットの中を見直していて、「数年前に買った服で、〝ただ持っているだけ〟、〝結局着ていない服〟が随分増えてしまっているなあ」と感じたのがきっかけです。

ワイドパンツ、ストレッチの利いていないパンツ、丈が中途半端なスカート……。

買ってから年数がたつと、服の流行りも変わりますし、私自身も年齢を重ねて体型や好みも変わります。さらに、コロナ禍でライフスタイルが大きく変わったことも、手持ちのボトムスの数を考えるいいタイミングになりました。

まずは人混みを避けるために、自転車を多用するようになりました。となると出番が増えてくるのは、スカートよりもパンツです。それも安全面を考えると、形はワイドなものよりストレートがいい。色は汚れが目立つ白よりも黒。そしてストレッチが利いているもののほうが動きやすいという発見がありました。

さらに自転車に乗ると汗をかきます。洗濯機で洗える素材が便利だということもわかりました。

その結果、はきやすくて同じタイプの黒のパンツを2本、少しフォーマルな場所にはいていける白いパンツ1本をセレクト。スカートも、きちんとした場所へ出かけられるようなものを1枚残し、そして最近、同じようなタイプのものを1枚追加しました。以上が現在のラインナップで、これ以外は処分しました。

「この数だけで着回していけるかしら」と、最初は少しドキドキしたものの、今のところ問題なく過ごせています。何より、クローゼットの中身が減ると、頭の中身もスッキリ！選択肢が限られているので朝の服選びに迷うことがなくなり、その分、ゆっくりと過ごせています。

無印良品の収納ボックスはいくつあってもよしとする

ものを買うのに慎重な私が、「これは必要に応じて増やしてよし!」としているのが、無印良品のファイルボックス。ポリプロピレン入りの素材で、汚れに強く、水洗いもできてしまう。お客様にも整理・収納に役立つアイテムとしておすすめしています。

中身が少し透けて見える半透明のものと、ものが見えないホワイトグレーがあります。ホワイトグレーの場合は置いておくだけで統一感が出ますが、中身が把握しづらいので、ボックスにラベリングをしておくと使いやすいと思います。

私の場合、ホワイトグレータイプのものは、仕事関係の書類やテキストをカテゴリー別に分け、棚に入れています。ラベル貼りが苦にならない性格なので、〝家計簿・マネーレッスン〟など、項目別にファイルボックスに貼りつけておき、使いたい時にさっと取り出せるようにしています。

日用雑貨、工具などもホワイトグレーのファイルボックスの中に入れて、ごちゃつきを隠しています。日用雑貨系を入れたファイルボックスを棚に置くときは、腰よりも低い位置に設置するのがポイント。引き出した際に、中に入っているものをひと目で確認できて便利です。

キッチンでも大活躍！　水筒、調味料、洗剤などの仕切り用に使っています。ファイルボックスの中に収めておくと、細長いものが倒れにくくなるだけでなく、「ここに入るだけ」という枠にもなります。

洗面所、クローゼットなどさまざまな場所で転用できることも、重宝している理由のひとつです。

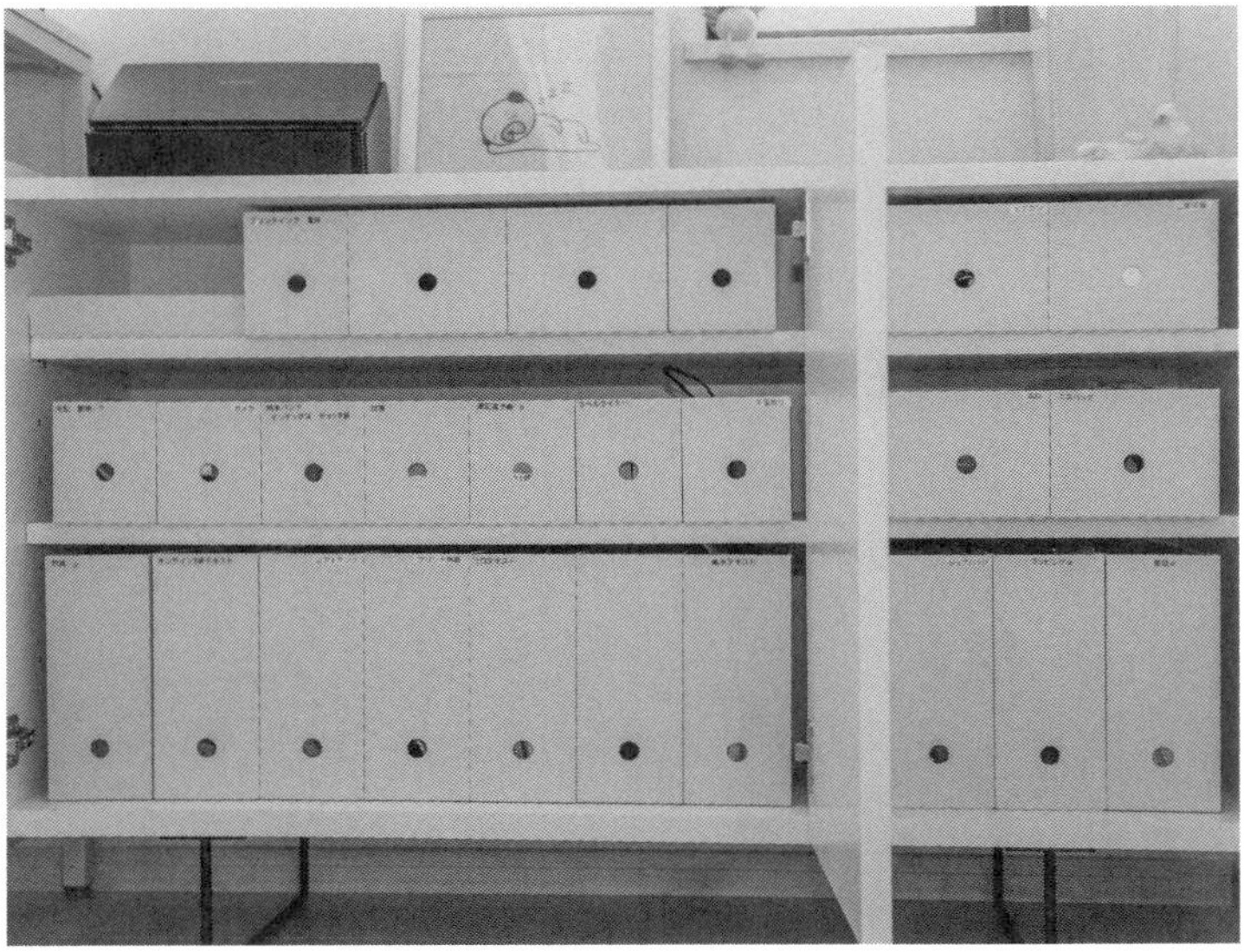

読んでいる本は常にバッグの中に

片づけようと思っているうちにいつの間にか溜まってしまうもののひとつに、本があります。自分はそれほど本を読まないという方でも、同居している家族が本好きだったり、お子さんに絵本や図鑑を買ったりしていると、それなりに場所もお金もかかるものです。

私自身も仕事で読んでおきたい本、趣味で読みたい本が山ほどあります。でも自宅には本棚は作っていません。ＩＫＥＡで購入した直径30㎝ほどのカゴがあるのですが、「本はその中に収まりきる分だけの量を持つ」と決めています。

そして今読んでいる本は、常にバッグの中へ入れておくことを習慣にしています。こうしておけば移動中のすき間時間が読書タイムになりますし、買ったまま読まないで月日が過ぎてしまう〝積ん読〟を避けることができるんです。

読み終えた本はどうしているかというと、これはもう潔く手放しています。「読みたい」という方がいればお譲りしていますし、自宅とは別に借りている、作業用の事務所に本を持っていき、「ご自由にどうぞ」用の放出箱を作り、訪れた方々に持っていっていただくこともあります。

もちろん、やっぱりどうしても再読したい本も出てきます。そんな時は、電子書籍で再購入しています。一度買った本をもう一度買い直すなんて不経済な感じがしますが、私からすると、次に読むかどうかわからない本を置いておくスペース代のほうが、もったいないからです。

そして再読したいと思った本は、紙にこだわることはなく、場所を取らない電子書籍のほうが圧倒的に便利。Ｋｉｎｄｌｅなどの電子書籍リーダーや、Ｋｉｎｄｌｅアプリをダウンロードしたタブレットを持っておけば、何百冊と本を入れられます。紙の本と違って、電子書籍はセールになることもあるので、安く購入できることも。

「本棚を整理したい」、「なんとなく読んでない本が部屋を圧迫している」という方は、ぜひ参考にしてみてくださいね。

ものを減らすことは周りの人への思いやり

あなたが今、突然入院をしなくてはいけなくなったり、もしくは想定外にこの世を去ることになったりしたとします。一人暮らしの方でも、家族と同居をしている場合でも、必ず誰かが、あなたの家や部屋に入り、私物を整理することになります。

そこそこ元気な入院レベルで「肌着はここ、部屋着はクローゼットの引き出しの下から2番目にある」などと指定できればいいですが、それすら叶わない状況だったとしたら、どうでしょうか。

あなたの家に入った人は、たくさんの荷物と格闘しながら必要なものを探すか、あるいは処分に追われることになります。数時間程度で終わるような話ならいいものの、たいていの場合、家全体の片づけには何週間もかかります。月単位、年単位になることさえも。

防災に関する話の中で「ものの少ない家ほど復興が早い」というエピソードをご紹介しましたが、不要なものを溜め込んでいると、それだけ、持ち主以外の人の時間や労力を奪ってしまう可能性があるのです。

私は「片づけは、家族や、残された人たちへの思いやり」だと考えています。そこまでの未来や緊急事態のことを考えなくても、今、一緒に入る人たちへの優しさへの表れ、とも言えるかもしれません。

誰だってものがごちゃごちゃの中で生活をしたくないですし、使いたいものをぱっと取り出せる環境で暮らしていたほうが、お互いの気持ちが晴れ晴れしますよね。

我が家も、今の状態が完全形ではなく、試行錯誤の途中。暮らしていくうちにまた変わっていく部分もあると思います。それでも、まずは「余計なものがない」というだけで、スペースにも心にもゆとりが出ました。「〇〇がない〜!」とものを探していた時代よりは、格段に和やかな雰囲気になったと感じています。

みんなで暮らしている家なのだから、みんなで心地よい空間をつくる。こう意識しながら暮らしていれば、必要なものは最低限で済むはずです。

「まだ使える」より「まだ使いたい」を大切に

お客様のご自宅へ伺い、心地よいライフスタイルを目指して並走するのが私の仕事ですが、プライベートでも私物と向き合いながら「これは必要？」、「それとももう卒業？」と、常に自問自答しています。

そんな私がものを整理する時に大切にしているのは「私は今、これを大事に使いたいと思っているか？」ということ。その時に「まだ使えるし……」という気持ちが出てきたら、そのものとの関係はおしまいの時。お役目を果たしてくれたのだと考えて、感謝と共に、リサイクルや処分に回します。

というのも「まだ使える」と思うことは、「もう使いたくない」と同じだと感じるからです。本当に大切にしたい、残したいと思えるものには、そんな言葉は出てこないと思いませんか？　私個人のものを手放すときの基準として、そういう気持ちに敏感でいるようにしています。

ちなみにお客様のご自宅へお伺いし、荷物の片づけをしている際に「下村さん、これ、もう捨ててもいいのかしら……」と質問をされることがあります。そんな時には、「そうですね。私なら捨てますね」とお答えするようにしています。

私は普段、自分からお客様に「これ、捨ててください」とは言いません。人から〝捨てさせられる〟のは、本当の意味でものと向き合っていませんし、私のお手伝いが終了したら、また、ものが溜まっていくだけだからです。

「もう捨ててもいいのかしら……」の言葉が出てきたということは、ご自身で、必要なものとそうでないものの見極めができるようになってきた証拠。私は、その背中を押してあげるだけです。

「まだ使える？（もう捨ててもいい？）」という気持ちが出てきたら、「まだ使いたい」ものと見比べてみてください。こうして自分なりの〝手放し時〟を作り上げていきましょう。

●あとがき●

最後までお読みくださりありがとうございます。

まえがきで問いかけた、「買いたいもの」「買えるもの」のどちらを選ぶのが貯まる習慣か、その答えは見つかりましたか？

私は片づけのプロとして、10年にわたって活動してきました。1000人を超えるお客様のビフォーアフターを見てきて思うことは、単に「家が片づいた、きれいになった」だけではなく、片づけによってお客様自身の表情や暮らし方、そして大げさではなく人生そのものまでも変化していったということです。

片づいたことで家事がラクになり、ムダな買い物も減り、時間とお金にゆとりができる。ゆとりができることでガミガミやイライラからも解放され、家族関係がよくなったというお客様もたくさん見てきました。

そして何より「片づけられない自分からの卒業」は大きな自信となります。そんなお客様の最高の笑顔は、片づけをサポートする私にとっても一番の喜びです。

「貯まらない人の家は散らかっている」というテーマで、ESSEonlineで記事執筆を始めたところ、毎回予想以上の反響をいただきました。それだけ、悩んでいる方、思い当たる節がある方が多いのだと思います。

そんな方たちに届けたい気持ちで生まれたのが、この本です。小難しい内容ではなく、クスッと笑えて楽しく読み進められる内容を目指しました。ぜひとも参考にしていただければ幸いです。

スマホがあればほとんどのものが簡単に手に入る今の時代、私たちが一番増やしたいと願っているのは時間であり、いくらあっても困らないお金、そして良質な人間関係やつながりではないでしょうか？

「片づけ」はこれらを増やす最強のツールだと私は考えています。さあ、どうぞ目の前にあるものをひとつ片づけることから始めてみましょう。

2024年4月　下村志保美

下村 志保美（しもむら しほみ）
1968年、愛媛県松山市生まれ。「空間・お金・心」の3つを整えることで、忙しい女性をサポートする「PRECIOUS DAYS」を主宰。2014年に片づけのプロとして起業。訪問やオンラインでの整理収納レッスンをはじめ、各種講演やコンサルティング、ESSE onlineでの記事執筆、家計アドバイザーとしての活動など、多岐にわたって活躍する。著書に『片づけのプロが教える心地いい暮らしの整え方』（三笠書房刊）がある。
［公式サイト］ https://rakulife.jp/

装　　丁………………… 穴田淳子（a mole design Room）
写　　真………………… 星 亘（扶桑社）、下村志保美
漫　　画………………… すぎうらゆう
執筆協力………………… 石井絵里
DTP制作………………… 見原茂夫（ディアグルーヴ）
校　　正………………… 小出美由規
編　　集………………… 宮川彩子（扶桑社）

「お金が貯まる家」にはものが少ない

発行日　2024年4月30日　初版第1刷発行
　　　　2024年9月30日　　　第2刷発行

著　者　**下村志保美**
発行者　**秋尾弘史**
発行所　**株式会社 扶桑社**
〒105-8070
東京都港区海岸1-2-20 汐留ビルディング
電話　03-5843-8843（編集）
　　　03-5843-8143（メールセンター）
www.fusosha.co.jp

印刷・製本　中央精版印刷株式会社

ISBN978-4-594-09724-0